中国古代水路交通

徐潜／主编

吉林文史出版社

图书在版编目（CIP）数据

中国古代水路交通 / 徐潜主编 . —长春：吉林文史出版社，2013. 4（2023. 7 重印）

ISBN 978-7-5472-1517-3

Ⅰ. ①中… Ⅱ. ①徐… Ⅲ. ①水路运输-交通运输史-中国-古代 Ⅳ. ①F552. 9

中国版本图书馆 CIP 数据核字（2013）第 063743 号

中国古代水路交通

ZHONGGUO GUDAI SHUILU JIAOTONG

主　　编　徐　潜
副 主 编　张　克　崔博华
责任编辑　张雅婷
装帧设计　映象视觉
出版发行　吉林文史出版社有限责任公司
地　　址　长春市福祉大路 5788 号
印　　刷　三河市燕春印务有限公司
版　　次　2013 年 4 月第 1 版
印　　次　2023 年 7 月第 4 次印刷
开　　本　720mm×1000mm　1/16
印　　张　12
字　　数　250 千
书　　号　ISBN 978-7-5472-1517-3
定　　价　45. 00 元

序　言

民族的复兴离不开文化的繁荣，文化的繁荣离不开对既有文化传统的继承和普及。该书就是基于对中国文化传统的继承和普及而策划的。我们想通过这套图书把具有悠久历史和灿烂辉煌的中国文化展示出来，让具有初中以上文化水平的读者能够全面深入地了解中国的历史和文化，为我们今天振兴民族文化，创新当代文明树立自信心和责任感。

其实，中国文化与世界其他各民族的文化一样，都是一个庞大而复杂的“综合体”，是一种长期积淀的文明结晶。就像手心和手背一样，我们今天想要的和不想要的都交融在一起。我们想通过这套书，把那些文化中的闪光点凸现出来，为今天的社会主义精神文明建设提供有价值的营养。做好对传统文化的扬弃是每一个发展中的民族首先要正视的一个课题，我们希望这套文库能在这方面有所作为。

在这套以知识点为话题的图书中，我们力争做到图文并茂，介绍全面，语言通俗，雅俗共赏。让它可读、可赏、可藏、可赠。吉林文史出版社做书的准则是“使人崇高，使人聪明”，这也是我们做这套书所遵循的。做得不足之处，也请读者批评指正。

编　者

2014 年 2 月

目　录

中国古代造船与航海

子曰："道不行，乘桴浮于海"。海洋以其博大的胸怀带给人的是无限的向往。自古以来，仗楫渡海就是人类的渴望。人们希望与风浪搏斗，彰显自身的豪迈；也想将天堑变为通途，去探寻神秘的海那方。中国古代的造船与海航技术，堪为世界翘楚，伟大的航海家们通过海洋传播着中华的荣耀，也开辟了海上交通线，拉进了国与国的距离，促成了海外贸易的繁盛与兴旺。

一、中国古代航海与海外交通

打开地图，中国的地形大势一目了然地展现在面前，一望无际的沙漠和绵延不断的高山，把北、西、南三面环抱起来。在其东面，则是辽阔无垠的海洋。这样的地形大势往往使人们把中国看作是一个内陆国家。然而，从华中到华南的漫长而又曲折的海岸线上，分布着许多天然的港口。大自然的这种赐予，为我国航海事业的发展提供了有利的条件和方便。

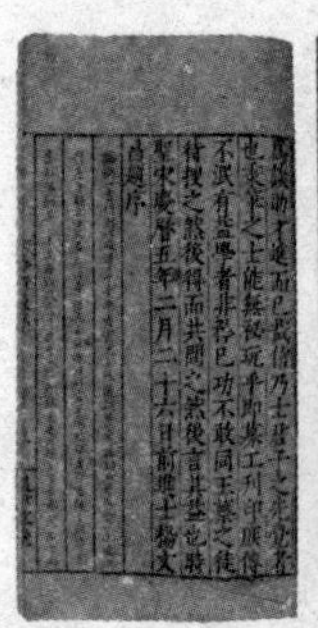

从古代起，中国有不少人已往返于海外了。我国历史上的对外交往，源远流长，主要是沿陆路与海路两条路线进行的，其中又分南北各两道。由张骞开端而形成的陆上“丝绸之路”，在中西方经济文化交流中做出了重要的贡献。但是，我国不仅是一个大陆国家，而且也是一个海洋国家，在世界航海史上记载着我们祖先征服海洋的英雄业绩，在世界历史中载有我国与海外各国相互交往对全人类做出的贡献，其中最杰出的代表，当推郑和下西洋的壮举。

我国古代海外交通史，大致可以分为四个阶段。秦以前为第一段，为形成时期。安史之乱以前，包括两汉、魏晋南北朝、隋、唐前期为第二段，为发展时期。明中叶以前为第三段，包括五代十国、宋、元直到郑和下西洋及稍后欧洲人尚未东来中国止，为鼎盛时期。鸦片战争以前为第四段，包括明代中后期、清代前期，是我国海外交通衰落的时期。

（一）先秦时代的遗风

秦以前我国海外交通，尚无确切资料可以说明我国古代的航海家最远可以航海到何处。早在七千年以前的新石器时期，我们祖先可能已经运用舟楫进行沿海漂流了。这一时期的船只以舟楫为主要样式，这些舟都是利用自然力量进行航行的。因此，存在着无数的艰难险阻，但此时航海的可能性是存在的。因

此，这一时期或到武王伐纣时期，由中国北方航行到日本是完全可能的事。

如果我们承认王充《论衡》一书所记载的航海历史，那么就应当肯定当时我国南与越南，北与日本已有初步的交往，否则是无法进行“礼尚往来”的外交活动的。同时，中国自古以来就有漫长的海岸线，这就为我们的祖先进行海上活动，发展海上交通提供了极为有利的条件。那么要进行航海活动就要有船只。我国的造船业早在远古就开始了，这在世界造船史上也是很惊人的。新石器时代，我们的祖先就广泛使用了独木舟和筏，并以其强大的勇气和智慧走向了茫茫的海洋，为我国的航海业在后来的伟大发展奠定了基础。

（二）前进中的秦始皇时代

春秋战国以迄于秦，海战开始频繁起来。在国内沿海交通畅通无阻的基础上，秦始皇数次出去巡海，《史记》《汉书》中都有记录，并且有秦与朝鲜、日本的航海记录。这些都反映了先秦的航海能力。显然，这和当时黄河流域为我国经济文化中心这一客观条件相适应的。当然，我们不能因此忽视这一时期秦代南向对南岭的开发，虽然由于历史条件的限制，似乎没有往印度及其以西做更远的探求，但这毕竟是我国向南海航行跨出的第一步。

秦汉时期，我国造船业的发展出现了第一个高峰。由于当时战争的需要，秦始皇在统一中国的过程中组织过一支能运输数十万石粮食的大船队。据古书记载，秦始皇曾派大将率领用楼船组成的舰队攻打楚国。秦始皇重视航海，统一全国后，曾五次巡视各地，包括渤海沿岸的一些港口，在芝罘（今山东境内）刻立石碑。他最后一次巡视是从镇江附近乘船出海，扬帆北上，再次到达芝罘。秦始皇为我国造船业的发展做出了巨大的贡献，秦朝有几次较大规模的航海活动，徐福东渡日本，就是其中的一次。

（三）接力中的“三国两晋南北朝”

三国两晋南北朝以迄于隋，国内经济重心已逐渐由北向南转移，尤其是东吴地处沿海，海外交通频繁，但他们航行地区并未超过汉代航程所达到的范围。而大秦商人秦仑于黄武五年由交趾来吴都谒见孙

权，并带走中国南方男女各十人归还本国一事，可以看作是汉桓帝派遣使臣去日，献物通好的继续。但这一时期，吴与大秦及所属领土的大规模直接远洋航海往来，特别是不经印度中转，恐非当时历史条件所能实现的。

在魏晋时期，汉代开辟的南海的航路范围在进一步地扩展。从西晋短期统一到南北朝时期，南海航路的中外贸易一直持续不断，同中国开展贸易的国家也在日益地增多，东南亚和南亚派遣使者入贡和直接由海商贩货到广州。这时期我国海外贸易的发展也为我国的航海事业的发展贡献了力量。

魏晋南北朝时期，以中外僧人开始通过海路往返于中印之间为特点，中国航海业继续发展。其中东晋高僧法显，从陆路到印度取经，从狮子国（今斯里兰卡）附乘搭载二百余人之“商人大船”归国，途中历尽艰险，经停耶婆提五个月，换船“东北行趣广州”，由于“天多连阴，海师相望僻误”，商船越过广州，往北漂到“长广郡界牢山南岸”。回国后著有《佛国记》。

（四）璀璨夺目的“汉唐盛世”

“汉唐盛世”几乎已经成为我国封建社会政治、经济、文化高度发达的一个标志。因此，在北宋时期就有“边俗指中国为汉唐”的情况。汉代是我国历史上一个长期集中统一的时代，张骞通西域和汉使通西洋，是这一时代值得庆贺的事，也是已经载入我国航海史册的两件大事。

到了汉朝，我国以楼船为主力的水师已经十分强大。据说在当时的战役中，出动的船只可以达到上千艘，人数可以达到几十万。舰队中配备有各种作战舰只，有在舰队最前列的冲锋船“先登”，有用来冲击敌船的狭长战船“蒙冲”，有速度极快的快船“赤马”，还有上下都用双层板的重武装船“槛”。当然，楼船是最重要的船舰，是水师的主力。楼船是汉朝有名的船型，它的建造和发展也是造船技术高超的标志。楼船在我国古代造船史中占有很重要的位置。

隋大业三年，常骏等人出“赤土”国到达马来半岛，即由“南海郡”出发。同时，就国内航海交通看，其航海规模，显然是比汉代有所发展。但总的来说，南向往西航行仍然没有超越汉使航程的范围，主要的目标仍是印度。由此，可以认为三国两晋南北朝时期的海外交通，是由汉代至唐代的过渡时期。隋朝常骏、王君政从广州出使赤土国，取道西沙和南沙海域，对这一带海域有更多了解和记载；唐高僧义净取道南海游学天竺（印度）等国二十五年，所撰《大唐西域求法高僧传》二卷和《南海寄归内法传》四卷中有不少南海史地的重要资料。

被人们称为“历代国威，以唐为最”的唐朝，是我国历史上极为繁荣昌盛的时代，它的领土超过了西汉帝国的极盛时期。“贞观之治”几乎成为以后历代封建王朝统治者治国平天下的愿景。唐代，到处充满一片太平富庶的景象。在经济发展的基础上，唐采取了对外开放的政策，促进了中外文化的交流。

东方朝鲜、日本的留学生在长安学习的人数众多，日本遣唐使来华之盛，这些在世界历史上都是罕见的。阿倍仲麻吕在华活动和鉴真和尚东渡日本，体现了中日两国之间深厚的友谊，已成为中日关系史上流芳百世的佳话。我国古代造船业的发展也是在此时进入了成熟时期。秦汉时期出现的造船技术，如船尾舵、高效率推进工具橹以及风帆的有效利用等，到了这个时期得到了充分发展和进一步的完善，而且创造了许多更加先进的造船技术。隋朝是这一时期的开端，虽然时间不长，但造船业却很发达，并且建造了大型龙舟。隋朝的大龙舟采用的是榫接结合铁钉钉联的方法。用铁钉比用木钉、竹钉联结要坚固牢靠得多。隋朝已广泛采用了这种先进方法，这是隋朝对我国古代造船业最大的贡献。

到了唐代时期，无论从船舶的数量上还是质量上，都体现出我国造船事业的发达程度。工匠们能根据船的性能和用途的不同要求，先制造出船的模型，进而画出船图，再进行施工。欧洲在16世纪才出现简单的船图，落后于中国三四百年。古代船舶多是帆船，遇到顶风和逆水时行驶就很艰难，车船在一定程度上克服了这些困难，它是原始形态的轮船。这说明中国的

造船业在世界上已经达到领先的水平。

唐代广泛吸收了外来的经济文化，从而促进了自身的经济文化的发展，成为当时世界上最大的经济文化统一的文明国家，它的经济文化影响了四邻各国，乃至影响到了欧洲。虽然如此，唐代海外交通超越汉代的主要标志，则为由南向西发展，越过印度洋，航行于波斯湾和阿拉伯半岛一带，这条航线结束了所谓“公元3世纪到7世纪末是中国和印度交往的伟大时代”，而创造了所谓“8世纪到13世纪是中国和阿拉伯交往的伟大时代”。由此可见，由广州到波斯湾、阿拉伯半岛一带的海道，在唐代已通行无阻。

唐代是中国古代航海的巅峰时代，中外商船频繁航行于中国、印度和阿拉伯之间。咸亨二年，中国高僧义净从广州起航前往印度，途中经停室利佛逝(今苏门答腊)，咸亨四年抵印度恒河口耽摩立底国。义净在印度求经学法十年，仍从海路东归，在室利佛逝久停，永昌元年回到广州。同年义净又从广州重往室利佛逝，直到证圣元年才最后归国，总共在海外二十五年。在取海道往返于中印之间的唐代僧人中，义净是最著名的一位，他的航程从侧面反映了唐代海外交通的繁荣。

在唐代，随着人们航海次数的增加，逐渐形成了海上丝绸之路。中国和西方诸国由此建立了非常密切的联系。从汉代至唐代，其间的历代王朝，总是想尽量地控制陆上丝绸之路，努力经营西域。可是东汉时期，一条经云南西部到缅甸出海和另一条从广东经南海到印度、斯里兰卡，最后经波斯湾到达罗马的两条通向欧洲的海上丝绸航线终于铺就，东西文明开始广泛交流。自唐末，特别是8世纪以来，陆上的丝绸之路渐渐失去了它的重要性，取而代之的航海线路取得了巨大的发展。随着造船技术和航海技术的不断发展，海上运输越来越显得重要了。

汉代造船业的发展，为后世造船技术的进步，奠定了坚实的基础。据《汉书·地理志》关于汉代航海的记载，自汉武帝肇始，到汉平王王莽辅政为止，这

一百多年间，已形成由我国雷州半岛出发，过南海到达海外的这一条航线。

（五）宋代以后的辉煌

到了宋代，以广州和泉州为基地港航海到印度、波斯湾各地区的中国商船，都是坚实牢固的大型船舶。当时被称作是“大食船”的阿拉伯和波斯的商船与其相形之下，不仅体型小，而且建造的技术也很差。因此，那时来中国的印度和伊斯兰的商人，搭乘中国船舶的人很多。东来的货物，也大多由中国的船只来装载。

中国的船只之巨大，在唐末时便可以知道。苏莱曼，这位到过中国和印度的阿拉伯人，在他的游记中就记载了中国商船因为体积的巨大，吃水深而不能直接进入幼发拉底河河口的情形。

由于对外贸易的繁盛，在宋代相应出现了不少专门记述海外诸国事情的著作。1178 年周去非的《岭外代答》，明确地记述了当时海上交通的实况。其书云：中国商人往波斯方面者，必须在印度西岸改搭波斯船。而波斯商人要进入中国者，则必须在这里换乘中国的大船。这是因为中国的船舶体积大，不便于在波斯湾航行的缘故，所以要改乘小型的波斯船。与之相反，如果不是大型的中国船，要越过印度洋的风浪是很困难的。可见，航行在印度洋上的商船，大部分是中国的大船。

这些大船，一船能容数百人，船中可积一年的粮食，设“纲首”为统率。樯帆高挂，浮海而行，犹如垂天之云。此等帆船在海上航行，无风时则用橹，一般备橹八至十支，有的船也有二十几支，船内划分为数区，用严密的防水舱壁分隔开来，是一种即使一处损伤而不致影响全体的水密舱装置。在这些商船上，已经开始使用罗盘了。

磁石指极针是中国人的伟大发明。早在公元 1 世纪前后，文献上对此便有了明确的记载。它

是一种在一块刻成鱼形的木片上安上磁针，把木鱼放在水中，让其浮在上面可以确定方向的装置。应用这种原理制作的装置，称为“指南鱼”。这种装置可以应用于海上导航。

阿拉伯人从中国船上学会了磁石的使用方法，并通过他们进一步地把磁石的知识传给了欧洲人。在这之后开始的“大航海时代”，磁石发挥的重大作用是众所周知的。但是，像现在这样的罗盘，用支撑磁针旋转的方法，则是欧洲人的发明。

季风的知识在古代就被人所了解。当时的航海，便是利用冬季东北风从中国海港出发，然后顺着夏季西南风回国的办法，包括在印度洋上，也同样利用季节风的知识来航海。因此，中国到波斯之间，如果遇上顺风的话，除了途中在港口停靠的天数是 90 至 100 天外，贸易船大体需要在海上航行一年，而往返则需要两年的时间，在这一点上，郑和的航海也是完全一样的。

由于我国古代政府的积极鼓励，先进的造船技术使大船的建造成为可能，航海技术方面的进步和经验的积累为航海提供了比较安全的条件，因此，宋代海外贸易呈现了空前活跃的局面。在 11 世纪到 12 世纪，远洋航海的发展时期，中国的船只到达印度、波斯，航迹直接扩展到了东非沿岸。中国商船因此获得“戎克”之名，此名还传到了遥远的西方，并一直流传到现在。中国人被世人称作“最勇敢的航海者”。

此外，宋代海员掌握的深水探测的技术已经达到了相当纯熟的地步。追溯到了唐朝末年，海上已经出现很多的探测设备。在宋元时期这些探测设备得到更广泛地应用，可以使船不至于“搁浅”或者“倾覆”。海上航行还利用信鸽为通信工具，这方面也反应了当时航海技术的进步。这时期的造船工艺和航海技术制造的海船可以乘风破浪，还能使航海更加的安全，航海的日程也大大地缩短了。约在公元 1329 年至 1345 年，汪大渊从当时中国最大海港——泉州港附乘商船远航，“足迹几半天下”。回国他根据后据“身所游览，耳目所闻见”写下了包括他到过的九十九个国家和地区的《岛夷志略》，反映了元代中国海外交

通的广大规模。

元代政府在今海南海口港外设置白沙水军，负责海上巡逻，进一步加强对南海诸岛海域管辖。元二十九年大将史弼领兵五千远征爪哇，“发泉州，过七洲洋，万里石塘，历交趾、占城界”。这支舰队取道西沙（也可能包括南沙海域）发动进攻，虽以爪哇路途遥远未能成功，但显示出元代海上活动范围比宋代更为宽广。

明朝时期，我国造船业的发展达到了第三个高峰。元朝继承和发展了唐宋的先进造船工艺和技术，大量建造了各类船只，其数量与质量远远超过前代。元军往往为一个战役就能一举建造几千艘战船。当时元朝初期仅水师战舰就已有一万七千九百艘。此外，还有大量民船分散在全国各地。当时，阿拉伯人的远洋航行逐渐衰落，在南洋、印度洋一带航行的几乎都是中国的四桅远洋海船。中国在航海船舶方面居于世界首位，船舶性能远远优越于阿拉伯船。元朝造船业的大发展，为明代建造五桅战船、六桅座船、七桅粮船、八桅马船、九桅宝船创造了十分有利的条件，迎来了我国造船业的新高潮。据一些考古的新发现和古书上的记载，明朝时期造船的工场分布之广、规模之大、配套之全，是历史上空前的，达到了我国古代造船史上的最高水平。主要的大规模造船场有南京龙江船场、淮南清江船场、山东北清河船场等。

明朝造船工场有与之配套的手工业工场，加工帆篷、绳索、铁钉等零部件和木材、桐漆、麻类等堆放仓库。当时造船材料的验收，以及船只的修造和交付等，也都有一套严格的管理制度。正是有了这样雄厚的造船业基础，才会为明朝的郑和七次下西洋的远航壮举打下坚实的基础。

清代的造船技术与明代大致相仿。就船舶的载重量而言，虽然也有大至上千吨以上的，但多数都在三四百吨之间。特别是由于封建专制制度的重重阻碍和西方国家垄断东西方的贸易，清代中国的商船再也没有可能进入印度洋的领域，船员的航海技术，也因此缺乏实践而处于落后的状态。尽管如此，当时中国的帆船，从设计到航海的许多方面，仍然受到人们的关注。从禁海到开放海禁，

这是清政府的一个重大的政策的转变。但是在开放海禁以后，所开放的区域仍然有一定的局限性。乾隆二十四年，清政府正式关闭江海、浙海和闽海三个口岸，指定外国的商船只能在中国广东一带进行贸易，并且对丝绸、茶叶等传统产品的出口量，加以严格控制。

总之，在经过秦汉时期和唐宋时期两个发展高峰以后，明朝的造船技术和工艺又有了很大的进步，登上了我国古代造船史的顶峰。明朝造船业的伟大成就，久为世界各国所称道，也是我国各族人民对世界文明的巨大贡献。

二、中国古代主要船只简介

中国是世界上造船史最悠久的国家之一。到20世纪50年代我国所出现的船型估计就有上千种左右，木船船型就多种多样，海洋渔船船型有二三百种，如此多的船型体现了我国古代造船技术的发达和我国航海事业的发展。我国古代航海木帆船中的沙船、鸟船、福船、广船是有名的船舶类型，尤以沙船、福船驰名于中外。下面简单地概括一下我国古代的主要船型。

（一）唐代船的代表—沙船

在唐代我国的造船技术与工艺已经有了相当大的发展。

我国古代的一种重要的船型—沙船就是在唐代出现于江苏崇明。沙船的前身可以上溯到春秋时期。沙船在宋代称“防沙平底船”，在元代称“平底船”，明代才通称“沙船”。所以说沙船这种船型也不是一开始就有的，它是经过几代人甚至是几十代人的不断改进发展而来的。下面介绍一下沙船这种船型的主要特点。

沙船方头方尾，俗称“方艄”；甲板面宽敞，型深小，干舷低；采用大梁拱，使甲板能迅速排浪。沙船采用平板龙骨，比较弱，宽厚是同级缯船的百分之四五十，结构强度仍比其他同级航海帆船大。它采用多水密隔舱以提高船的抗沉性，七级风能航行无碍，又能耐浪，所以沙船航程远达非洲。

在清代道光年间上海就有沙船五千艘，估计当时全国沙船总数在万艘以上。沙船运用范围非常广泛，沿江沿海都有沙船踪迹。早在宋代以前公元10世纪初，就有中国沙船到爪哇的

记载，在印度和印度尼西亚也有沙船造型的壁画。

（二）富贵福气的福船

明初，造船业分布极广，范围也在不断地扩大，福州是明代南洋航运的主要根据地之一。当时明朝政府与海外诸国进行朝贡贸易，曾在闽江口外的五虎门建立市舶提举司，并建有进贡厂、交盘厅、库房等，通商的海船就在闽江口外修造。这一切都为福船的出现提供了有利的条件。

福船是一种尖底海船，在我国明代使用的较多。福船是福建浙江一带沿海尖底海船的通称，它以行驶于南洋和远海著称。宋人说：“海舟以福建为上。”明代我国水师以福船为主要战船。

古代福船高大如楼，让人看起来有一种富贵大气的感觉。全船分四层：下层装土石压舱；二层住兵士；三层是主要操作场所；上层是作战场所，居高临下，弓箭火炮向下发，往往能克敌制胜。福船首部高昂，又有坚强的冲击装置，乘风下压能犁沉敌船。福船吃水四米，是深海作战的优良战舰。这些便是福船的主要特点。

郑和下西洋船队的主要船舶所用的船只便是福船。由此说明福船这一船型较其他船型的优势之处。

（三）小巧的广船

广船，由其命名就可以看出是产于广东，就像我国南方小巧玲珑的女孩一样，广船也是呈现出小巧的特点。它的基本特点是头尖体长，梁拱小，甲板脊弧不高，船体的横向结构用紧密的肋骨跟隔舱板构成，纵向强度依靠龙骨和大擸维持。结构坚固，有较好的适航性能和续航能力。

（四）奇特雄伟的楼船

楼船虽然远在汉代以前就已出现，但它的发展却是从汉代开始的。汉代造船技术的不断发展，为楼船的出现提供了有利的条件和奠定了良好的基础。汉武帝曾经下令在豫章（今山西）建造过一种大船，称为“豫章大船”，规模宏大，可载万人，船上可营造宫室。

汉代楼船高十余丈，船上的各种建筑物都各有专名。楼船的甲板上有三层建筑，每一层的周围都设置半人高的防护墙。第一层的四周又用木板围成“战格”，防护墙与“战格”上都开有若干箭孔、矛穴，即能远攻，又可近防。甲板建筑的四周还有较大的空间和信道，便于士兵往来，甚至可以行车、骑马。

楼船不但外观高大巍峨，而且列矛戈、树旗帜，戒备森严，攻防皆宜，是一座真正的水上堡垒。由于楼船身高体大，极具威慑力，一般用作指挥船，只是它的行动不够灵便，在水战中，必须与其他战船互相配合。东汉的伏波将军马援曾经一次率楼船两千余艘浮海，这充分说明了当时造船的规模和能力。

（五）气派的大龙舟

在公元640年，隋炀帝杨广为了要到扬州一游，命官吏督造龙舟及杂船数十艘。所造之船上层有正殿、内殿、东西朝堂，中间两层有一百二十个房间，全部用金玉装饰，还有高三层的龙舟九艘。

大龙舟高数层，船体要用很多大木料。木料的长度有限，这就要求把许多较小较短的木料联结起来。这对船体的骨架与木板之间、船体与上层建筑物之间的联结技术要求很高，联结不好就不坚固，所以在龙舟的结构强度中，联结是极重要的。

（六）船中之宝的郑和宝船

在郑和下西洋庞大的船队中，有一类被称作“宝船”的大型船舶，其

规模甚巨，引人注目，因而在许多典籍中都有详细的记录。当时，最大的宝船的长与宽约为一百三十八米和五十六米，这样可以保证船在行驶中大幅度的横向的强度，这符合科学原理和我国古代造船的传统。大型的木船不宜造的过于狭长，以避免海中的风浪冲击而导致断裂。

郑和下西洋所用的宝船，是在明朝中央政府的直接控制之下，以强制劳动的方式进行生产制造的。船厂所需的各种造船材料都是明朝政府调配供应的。明朝政府实施的这些一系列措施对郑和宝船的建造与发展起到了促进作用。宝船采用的是中国古代适于远洋航行的优秀船型——福船型。它高大如楼，底尖面阔，首尾高昂，首尖尾方，两侧有护板，船舱为水密隔舱结构。底尖利于破浪，吃水深，稳定性好，安全舒适，是航行于南海和西洋航线最先进的海船，也是古代世界最大的木帆船。

关于郑和宝船的实际用途，我们还可以从《西洋记》中有关宝船建造的记载中窥见一斑。郑和船队中最大的宝船与其他的船只是迥然有别的，其上建有头门、仪门、官厅、穿堂、后堂、库司、侧屋，另有书房之类的屋子，这样的布置俨然与陆地上的房屋是一样的。随郑和第七次下西洋的巩珍也曾经形象地描绘了这艘巨大宝船“体式巍然，巨无与敌，非二三百人莫能举动。”这些记录都说明了郑和宝船的宏伟与壮观。

三、中国古代船只船体主要结构

（一）古代船的遥控器——船尾舵

船尾舵是控制船的航向的，在商朝就已经被我国古代先民所使用。随着时代的不断发展，船尾舵也在不断地改进和发展。我国对船尾舵的研究主要是从古代出土的文物中获得资料的。

比如说：出土于广州和湖北江陵的汉代船只模型都有一个共同的特点，就是船尾都设有桨手，用来控制和操纵舟船的航行方向，这种设于尾部的桨通常称为操纵桨。桨柄增长就成为艄，用以控制船的航向。操纵桨在长期的应用中增加了桨叶的面积，便于控制船的方向，然后逐渐产生了真正的舵。

船尾舵虽然在船体的整个建造过程中是一个很小的部分，但是它却是一个必不可少的部分。因为，船只在不断地航行过程中，它的方向转变是要靠这个小船尾舵来控制的。船尾舵的出现，在造船史中是很重要的一个环节。

（二）鲁班的杰作和马可·波罗的盛赞

对于橹的发明，可以说是世界造船史上的奇迹。更加庆幸的是这个世界造船史上的伟大发明是由我们的祖先完成的，我们无不为我们伟大的祖先感到骄傲和自豪。橹最早出现的年代目前我们已经不得而知，但是一直流传着一个美丽的传说，这就为橹的发明与创造增添了更加神秘的色彩。

传说鲁班看见鱼儿在水中挥尾前进，遂削木为橹。这一简短的传说不足以说明橹的来历，但它却足以证明我国古代先民的聪明智慧。橹的外形有点像桨，但是比较大，一般支在船尾或船侧的橹檐上，入水一端的剖面呈弓形，另一端则系在船

上。用手摇动橹檐绳，使伸入水中的橹板左右摆动。橹摆动时，船跟水接触的前后部分会产生压力差，形成推力，推动船只前进，就像鱼儿摆尾前进。这样形象而又有趣味的传说让人们对船橹有了更多的了解和认识。

在古时候，对于橹，更有“一橹三桨”的说法，认为橹的效率可以达到桨的三倍，因为从桨到橹的变化，事实上就是从间歇划水变成连续划水，这样橹不仅可以提高划船的速度，更为我国古代造船技术的发展史添上了重要的一笔。

除此之外，马可·波罗还在他的著作中记述了在海船中桡的使用，大型船舶有二三艘小船随行航海。每航海一年必须修理一次，达到第四次以后便作为废船进行处理等。这些橹与桡的使用，使这位出身于当时欧洲最先进商业都市威尼斯的马可·波罗都感叹不已。

（三）现代船的始祖和美丽的龙骨

车船，中国在世界造船史上的又一大贡献，现在已是人们公认的现代轮船的始祖。车船是一种战船，船体两侧装有木叶轮，一轮叫作一车，人力踏动，船行如飞。到了宋代，火药与车船，已成为两项最重要的军事武器。

龙骨结构是造船业中的一项重大发明，对世界船舶结构的发展产生深远的影响。宋代尖底海船甲板平整，船舷下削如刃，船的横断面为V形，尖底船下设置贯通首尾的龙骨，用来支撑船身，使船只更坚固，同时吃水深，抗御风浪能力十分强。欧洲船只于19世纪初才开始采用这种龙骨结构。

（四）堪称一绝的“水密隔舱”

水密隔舱这种重要的船体结构出现于唐代，在唐代船体的建造中普遍地使用这种结构。它在我国的造船史上堪称一绝。

水密隔舱就是用隔舱板把船舱分成互不相通的一个一个舱区，其中的船舱

数量的多少有所不同。唐代人发明的这种造船的船体主要结构具有很多优点，是在先前船体结构的基础上进行发明和创造的。这一船体结构的出现为我国古代造船业的发展做出了又一重大的贡献。

首先，因为在这种船体结构中，船舱与船舱之间是分开的，这样在航行中，特别是在远洋航行中，即使有一两个舱区破损进水，水也不会流到其他舱区。因此，水密隔舱既提高了船舶的抗沉性能，又增加了远航的安全性能。

其次，因为船舱与船舱之间是分开的，这样就有利于装货与分货。不同的货主可以同时在不同的舱区中装货和取货。这样既提高了装卸的效率，又便于船主进行管理。

再次，这时期出现的水密隔舱与船板相互联接，这样不但增加了船舶整体的横向强度，而且让造船者不必再用龙骨来加固船舱，使得造船的工艺简单化了。

最后从船的整体来看，船体本身仍然保持有相当的浮力，不至于沉没。如果进水太多，船支撑不住，只要抛弃货物，减轻载重量，就不会很快沉入海底。如果船舶破损不严重，进水不多，只要把进水舱区里的货物搬走，就可以修复破损的地方，不会影响船舶继续航行。

四、中国古代著名航海家

（一）伟大的郑和

郑和，原姓马，回族，生于洪武四年，云南昆阳州宝山乡和代村人，郑和的先世是西域人。郑和的家庭世代都信奉伊斯兰教，他的祖父和父亲都是地道而虔诚的教徒，他们都曾经由云南远涉重洋去朝拜天方麦加圣地。郑和本人也信奉伊斯兰教。永乐十五年，他出使西洋时，路过泉州，在泉州伊斯兰圣地行香，乞求圣灵保佑。郑和也信奉佛教，也是佛门弟子，并取法名为“福善”。明朝人以佛教中的佛、法、僧三宝来尊称郑和为“三宝太监”。也有人认为“三宝”是内官的通称，后认为郑和旧名是“三保”。

朱元璋建立明朝以后，开始注重和四邻建立友好的关系。到了永乐帝时期，对于下西洋的人选，永乐帝做了慎重的选择。要完成这一重大的历史使命，不但要有出色的才能，还要有机智的外交才能和敢于冒险、不怕苦难的精神，最后永乐皇帝在他周围的人群中选中了郑和。

时年 34 岁的郑和，领受了下西洋的任务，这对他来说是一个巨大的鼓舞。他想到，幼年时，父亲经常对他讲述去朝拜天方的航海故事，印度洋上的惊涛骇浪，麦加圣地宏伟的礼教堂，各国的奇风异俗，无不吸引着他，他多么希望自己也能乘风破浪到世界各地去！伟大的理想终于变成了现实。

明初大量的物资都聚集在南京和北京，在这两个地方都建有库藏。郑和下西洋所用的一切物资大都从南京仓库支取。从南京仓库支取的货物主要有丝织品、瓷器、铁器、粮食、布匹、书籍、金银铜，钱财和其他生活用品等。

明初，政府在全国的许多地方设立了造船厂。南京建立的龙江造船厂规模最大，郑和下西洋的宝船大多在这里建造。淮南的清江船厂的规模也很大。在

当时的大船厂里，分工很细，有严格的管理制度。明初的造船业，既发展了前人的技术成果，又积累了很多的技术经验。宝船的下水问题，采用船坞的方法，解决了大船造好后下水的问题。创造了水密隔舱，就是每一个船舱之间严格的隔开，如果有一处漏水，不致影响全船。宝船粗短，在海水中稳定性强，船体能抵抗海浪冲打。

郑和历经无数次的艰难险阻，在二十八年的航海生涯中先后七次下西洋，到达东南亚、南亚、伊朗、阿拉伯、非洲东海岸和红海沿岸共三十多个国家和地区，加强了中国人民与亚非人民的友好关系，显示了中国人在造船、航海等方面的高超技术，证明当时中国在世界航海事业中居于领先地位。郑和统率船队下西洋，普通船只一般每次达二百六十余只，大中巨型宝船六十余只，宝船估计为一千五百吨级，能容纳约二万七千人。郑和下西洋打通中国至东非海岸全程的海上交通，约一万五千英里。郑和下西洋，比其他国家的航海家早了近百年。无论在人数、船队规模、舰船与质量都远远超过了此后欧洲中世纪的航海舰队。

当时，中国以南海为界，把通往各国的海路划分为东洋和西洋。郑和七次出使航海都是走的西洋航线，到达的国家大都是西洋国家，所以人们称他的航行为“郑和下西洋”。郑和是明成祖永乐皇帝信任的太监，人称“三保太监”，佛家语音转为“三宝太监”。因此“郑和下西洋”在史书上又称“三宝太监下西洋”。郑和下西洋，是明初的一大盛事，也是中国乃至世界航海史上规模最大、持续时间最长、影响最为深远的航海活动。

郑和下西洋，展示了中华民族不畏艰险、勇往直前的英雄气概和开拓进取、海纳百川的宽广胸怀，为我们留下了宝贵的精神财富。六百年前，面对人类还知之不多的广阔无垠的海洋，面对险象环生的长途远航和种种难以想象的困难，郑和与他的船队没有退缩，以无所畏惧的英雄气概，一往无前，百折不挠，继汉、唐、宋、元各代与世界各国人民陆上交往的不断扩大，又开辟了中华民族从海上走向世界的新纪元，将中外交

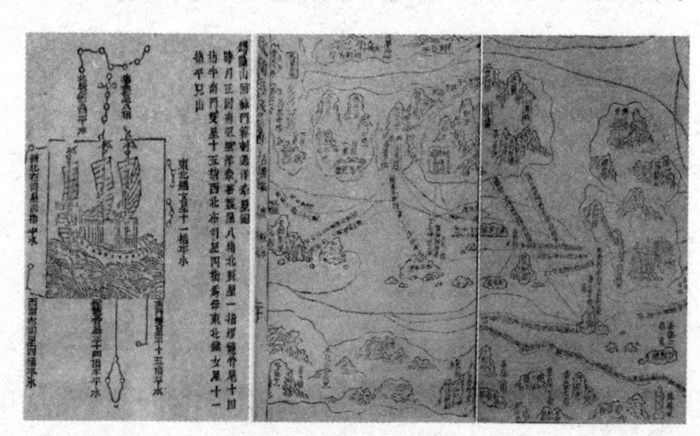

流提高到新的水平。

从整体上来说，郑和下西洋的这一时期，中国的造船技术已经达到很高的水平，主要体现在船本身的优越性上，主要有以下几个特点：

船的平面呈四边形，方首、方尾，没有龙骨，有为了加固船体而设的隔壁，并且，船大体上是平底，横断面为四角形；采用推进法，有自动反转推进工具橹，在技术上比欧洲早了一千年以上；帆和帆的装置很先进，是一种具有多根桅杆的多桅船，可以逆风航行，这在很早以前就已经出现了；在操船这一点上，以舵的发明为主的操船装置，有了很大的进步；此外，船体上层建筑和装甲板的实用化更是让人惊叹。

（二）意志坚定的法显

法显是中国东晋时代的高僧，也是中国著名的旅行家和翻译家。公元 334 年，他出生在平阳郡武阳一个龚姓人家。法显在局势动荡、战乱不休的岁月中度过了他的前半生，也是在这种混乱的形势下开始他的佛国之行的。

法显有兄长三人，都在幼年夭亡。他的父母害怕他也遭到不幸，在他 3 岁时就把他送到庙里当沙弥，以乞求佛祖的保佑。他 10 岁时父亲逝世，不久母亲也不幸身亡，使他将更多的精力投入到虔诚信佛中。法显 20 岁时受大戒。他聪明、正直、有志气，能严格遵守教义对僧侣的约束，受到人们的尊敬。但是当时还没有完整的戒律典籍，僧侣们都不守清规，法显对此深有感触，便立志亲自去佛国求法。

公元 399 年 3 月，已经 65 岁的法显约了众僧侣一行五人，从长安出发西行求法。他们沿着河西走廊西行，当时河西走廊一带割据势力林立，所幸的是，这些割据一方的统治者多宠信佛教，所以法显一行得以顺利通过那里。后来求法队伍逐渐增大，但是到了最后只有法显一个人得以顺利回来。法显在公元 409 年来到斯里兰卡，被岛上浓厚的佛教氛围所吸引，他花了两年时间抄集岛

上的经律。他在回国后撰写的游记中把斯里兰卡称为“狮子国”，他的描述引起了研究早期中斯关系的学者广泛的关注。

法显等人曾经离开敦煌后，出阳关西行，进入了著名的白龙堆大沙漠。他们之后所到的地方都是沙漠地带，这里的地域气候极为干燥，白天酷热，夜里则很寒冷，天气变化无常，东北风一刮，沙子弥漫天地。无论是人还是牲畜都会被埋没在沙漠里。

法显一行人所到达的西域主要是今天的新疆和田一带。他们受到了当时君主的热烈欢迎和礼遇。他们在那里对佛教有了更深的认识。

法显他以 65 岁的高龄从中国的长安(今西安)出发，花了六年时间，过流沙(泛指今新疆中部大沙漠)，穿越葱岭(帕米尔高原以及昆仑山、喀喇昆仑山脉之总称)，到达印度的北天竺和中天竺地区，当他抄录了印度的佛经之后，不愿再从陆路返回，而是听从了一位船长的劝告，先到斯里兰卡，在那里等待回国的船只。这就是他光荣并且伟大的航海经历。

（三）第一个抵达地中海的中国人——杜环

杜环是我国历史上著名的唐代史学家杜佑的族子。天宝年间，他出征西亚。杜环在战争中被俘虏，从此，他漫游了阿拉伯的许多国家和地区，到了地中海东岸，走完了古代丝绸之路的全程。十一年过去后，杜环乘上商船，沿着海上丝绸之路踏上归程，最后抵达广州。唐代，由广州乘船过南海，经越南南部南下，穿过马六甲海峡，进印度洋进入斯里兰卡，绕过印度南端，到达波斯湾，沿着幼发拉底河到巴士拉，这是当时海上丝绸之路最远的一条航线。杜环就是沿着这条航线由大食国回到广州的。

杜环是我国历史上第一个到达地中海沿岸留下名字的中国人，也是第一个走完当时陆上丝绸之路和海上丝绸之路全程的有名的旅行家，他的全部行程约八万里。

杜环的旅途见闻，主要见于他的著作《经行记》。公元 762 年，杜环回国后，他根据自己的回忆，把在漫长的旅途中在各个地方的见闻写成书，并且引

起了当时人们极大的兴趣。随着岁月的流逝，这部书不幸失传了。但值得庆幸的是他的叔叔杜佑把他的书中的一些片段摘录到了自己的著作《通典》中，所以，杜环的记录得以在后代流传下来。中国的现代学者认为，杜环的这部著作在历史上占有很重要的地位，杜环虽然没有给后人留下更多的事迹，但是《经行记》一书是他给后人留下的弥足珍贵的文化遗产。

在杜环所处的这一时期，唐朝和中亚、西亚以及非洲各国的往来极为频繁，经济和文化的交流及影响是非常广泛和深入的。这种频繁的交流和友好往来，大大加强了人民之间相互了解并建立了深厚的友谊，促进了双方社会经济文化的发展，丰富了人民的物质和文化生活。这些都在杜环的《经行记》中有所体现，同样，这部书为后人留下的许多珍贵的记载也进一步证明了这一点。

（四）吴哥文化的传播者——周达观

周达观，自号草庭逸民，元代浙江省温州路永嘉县人。生卒年月及生平事迹不详，只知道他在元成宗时期奉旨作为师团成员出使真腊（即现在的柬埔寨地区）公元 1296 年到达真腊。他在真腊生活了一年多，周达观仔细观察了吴哥窟恢弘而又精致的独特建筑群体，体会了包藏其中博大精深的文化底蕴。回国后根据亲身见闻，写成《真腊风土记》一书。他去真腊时，正是真腊国力强盛之时。因此，《真腊风土记》是吴哥文化盛况的目击者留下来的唯一的记录，它广泛地反映了吴哥时代的社会风貌，生动地展现了 13 世纪末柬埔寨的历史画面，它是研究吴哥王朝历史的重要文献。

仅隔百余年，真腊与暹罗(今泰国)发生战争，迁都金边，吴哥终沦为废墟，吴哥文化随即被湮没，无人知其存在。周达观的《真腊风土记》成了世界上绝无仅有的关于吴哥文化的直观记录。19 世纪初，此书被欧洲人莱慕莎译成法文后，使人兴起寻找废墟之念，从而影响不少欧洲人东来，加速东西文化交流。法国人占领柬埔寨时期，博物学家孰亨利·莫霍就是凭借《真腊风土记》的法文

译本寻访到了已经湮没了的吴哥窟，使沉睡多年的吴哥古迹，得以重现人间。

周达观也对其地地理有颇详尽的观察。如《总序》记从宁波至占城的路线，对所经港口、水路、城市、里程均详尽记载，这加强了中外交通往来联系，并且扩大了国人的地理知识。历代更替，国人多流寓外地，他的出使，为元代移居真腊华侨的情况提供了详实的数据。而且此书对当地的语言、风俗及贸易记载甚详，这对两地的经济文化交流，有一定的影响及参考价值。

周达观与真腊人建立了深厚的友谊。在真腊的一年中，他向真腊人学习语言，反映在他的著作中，几乎所有的事物，都有用音译记载的真腊语的说法。他对真腊人民的勤劳智慧，对吴哥的雄伟，对真腊的建筑艺术发自真心的钦佩，深受感动。他到处去查访，深入到人民的饮食起居中，对真腊的历史、宗教、文化、经济、风土人情进行了详细地调查与记录。

周达观当然也向当地人民介绍了中国的情况。他曾把中国的荔枝种子带到真腊。据说在真腊只有一座小山上，能够种活荔枝。真腊的艺术家，在吴哥寺内为周达观建造了雕像，以示纪念。周达观作为中国和柬埔寨人民传统友谊史上的一位重要的历史人物，受到人们的尊重和怀念。

（五）留下伟大著作的汪大渊

汪大渊，字焕章，江西南昌人。生卒年月以及生平事迹，没有更多的史料。仅从他的著作《岛夷志略》中得知，他经常四处游历。他在书中记述所游历的地方共九十九处，所到地方，皆记其山川、习俗、风景、物产以及贸易等情况。全书收录地区达到二百二十几个。

汪大渊在泉州长大，泉州位于福建东南沿海地区，这里港湾交错，水道深邃，是海外交通的重要港口。从泉州起航的海船开往近百个国家和地区。在泉州城内，居住着众多的大食人、印度人、波斯人。在泉州成长的汪大渊自幼耳濡目染，对海

上航行产生了浓厚的兴趣。

汪大渊曾经两次远航。约在公元 1330 年，他怀着年轻人的蓬勃朝气，毅然出海，开始了他的第一次西洋之行。第一次的远航从泉州经海南岛、占城、马六甲、爪哇、苏门答腊、缅甸、印度、波斯、阿拉伯、埃及，再横渡地中海到西北非洲的摩洛哥，再回到埃及，出红海到索马里，折向南直到莫桑比克，再横渡印度洋回到斯里兰卡、苏门答腊、爪哇，再到澳洲，从澳洲到加里曼丹岛，又经菲律宾群岛，最后返回泉州。大约费时五年他才返回故乡。回来后，汪大渊曾利用空闲时间对旅行笔记加以整理。大概两三年以后，他再次出海，仍以泉州为起点，这次他游历南洋群岛，印度洋西面的阿拉伯海、波斯湾、红海、地中海、莫桑比克海峡及澳洲各地，时间要比第一次短，大约为三年，公元 1239 年重返泉州。

第一次出海，汪大渊游历了当时中南半岛的许多国家，如交趾、占城、真腊、乌爹等国家。交趾与元朝之间的贸易很发达，向元朝输入沙金，白银、铜、象牙、肉桂、槟榔等。汪大渊记载交趾那里“地广人稠，气候长热，田多沃饶，崇尚礼仪，有中国之风”。汪大渊还游历了当时的泰国、真腊等地方。

汪大渊还几乎游遍了印度东西海岸的各个城镇，如大乌爹、古里佛、放拜等地方，并记载了一些有趣的见闻。汪大渊还在马纳湾内参观了采珍珠的情况，他怀着极大的兴趣对其进行了详细地介绍与记录。他还记录了斯里兰卡盛产宝石，以及高步浪、明家罗等都是当时的红宝石产地，也是宝石市场，吸引了许多宝石商人，“舶人兴贩，往往金银与之贸易”。

在印度洋西部，有一片大的珊瑚岛，这就是马尔代夫群岛，汪大渊在书中称为北溜。汪大渊游历了波斯湾沿岸的许多个地方，最后到达波斯湾尽头的名城波斯离。汪大渊的这次西洋之行，大概用了五年，去国有万里之遥。五年的海上生活虽然饱经风霜，却也令他大开眼界，增长知识，真是不枉此行。

汪大渊第二次出海，曾进入过有小东洋之称的菲律宾群岛。自宋朝以来，菲律宾与中国的贸易往来就很密切，对中国高度发展的文明深为向往。人们以能到中国为荣，当地的风俗很重视到过中国的人。

《岛夷志略》是有关当时亚、非各国的实况记录，涉及的内容是相当的广泛。由于汪大渊是随着商舶出航，所游历的地方多是商港，所以除了留意各地的山川气候、风土人情之外，还特别收集了当地的物产和商品的产销情况。所以此书不仅给世界自然地理、经济地理提供了重要的参考资料，而且人们从中可以了解到元代外贸史的一个侧面。从书中所记，人们可以知道中国当时主要的输出商品，仍然是丝绸等纺织品。同时，陶瓷产品也成了大众的出口物品。这两项几乎远销到亚非各国，近年，各地遗址中出土中国陶瓷之多，也证明了这一情况。当时出海的商船不仅带去了中国的商品，沿途也有贩到当地的特产。可惜汪大渊除《岛夷志略》外，未见有其他著作传世，汪大渊的晚年生活也无记载可寻，但是他对世界历史地理的伟大贡献，是早为中外学者一致公认的。

（六）为了实现梦想的义净

一部《西游记》使唐代高僧玄奘到印度取经的故事家喻户晓，玄奘也以唐三藏、唐僧的形象出现而成为神话人物，为老幼所熟知。相比之下，稍后于玄奘出世的唐代高僧义净，就显得鲜为人知。其实，义净也是唐代的一位佛学大师，他比玄奘小二十七岁。在中国的佛教史上，义净也是非常重要的一位人物，并且对我国的海外交流也做出了巨大的贡献。

义净，俗姓张，字文明，山东历城人。义净少年出家当和尚，手不释卷，专心研究佛家经典。年方十八，他就立志，去佛教的发祥地游学。咸亨元年，他从京师长安南下，从广州乘船至室利佛逝，在那里学习了六个月的梵语，然后去印度。垂拱二年，他又回到室利佛逝。永昌元年他回广州后，邀请另外四位僧人同去室利佛逝。义净在国外研究和翻译佛经二十四年，三次羁旅室利佛逝，前后共达十余年。

义净作为一个航海家，他从37岁出国航海，到六十多岁回国，

几乎在海上度过了半生的时光。他水陆兼行，历尽无数艰辛，二十五年的时光，到过三十几个国家和地区，终于功成而回。

义净所撰写的《南海寄归内法传》是一部非常重要的著作。全书四十章，记述了印度的医药学、人民的生活习俗、僧侣的寺规、礼仪和其他见闻。书中介绍的当时印度和南亚各国佛教传播的情况，是研究佛教发展史的重要资料，有助于人们了解中世纪时佛教在南海各地的传播情况。义净的著作在世界上受到学者们的广泛关注。

五、官民共促的古代贸易

（一）殷人与商人的献礼

18世纪以来，欧美的一些学者对中国的《山海经》做了详细的研究，对哥伦布第一次发现美洲新大陆的说法提出了质疑。他们的研究结果认为，最早到达美洲新大陆的人不是意大利人哥伦布而是中国上古时期的殷人。

一些外国的学者认为：中国的《山海经》这部世界上最古老的地理志，是一部包括整个世界旅行的记叙，它的成书年代在公元10世纪前后；这部书的《山海东经》《大荒东经》中的描述，似乎同墨西哥的科罗拉多大峡谷地区有关，而《东山经》中的叙述仿佛同北美洲、中美洲和墨西哥湾地区有关。于是，他们提出了中国人早在公元前11世纪就已经到达了北美洲的说法。后来学者的考古发现表明，在墨西哥及美洲地区有许多遗物和遗迹具有中国商代文化的特征。有的学者还推测，这些殷人是从山东半岛下海，南下到台湾岛，又沿琉球群岛北上至日本列岛，再向东北经阿留申群岛到达北美洲的加利福尼亚海岸，然后循海岸到达墨西哥，在那里定居下来。美洲海岸的那些具有中国商代文化特征的遗迹，就是这些殷人带到美洲大陆，并传播到南美洲的。

近年来，在美国的加利福尼亚州沿海，先后发现两处古代海船使用的“石锚”，一些学者断定它们来自亚洲，有些学者更断定这些是中国人航海到美洲所遗留下来的产物。但这些观点都存在争论，有的学者还认为中国的商代根本不具备横渡太平洋的航海条件，北美洲新发现的“石锚”，也不一定是亚洲的遗物。

我国是很早就出现了舟的国家，但具体所出现的时间已经不能准确地考证了。但可以肯定的是至少在新石器时代我们的祖先就广泛使用了独木舟和筏，并以其非凡的勇气和智慧走向海洋，为我国的航海业

奠定了基础。在我国的原始时期，社会生产力水平极其低下，所以我国古代先民所处的自然环境是极其恶劣的，但是，我们的祖先并没有被恶劣的自然环境所征服，而是不断地与恶劣的自然环境相抗争，并且在这不断的抗争中创造着一个又一个的奇迹。

舟和筏的制作是很容易的，即使是在原始社会物质相对匮乏的时代。因为它易于取材，制作简便，是很好的水上工具。我国各族人民利用当地丰富的资源制造了各种形式的筏，如江南的木筏，漓江上的竹筏，黑龙江鄂伦春族的桦树皮船、藏族的牦牛皮船、九曲黄河沿岸的羊皮筏等。这些舟和筏的产生对我国古代交通的发展起了很重要的作用。这些舟和筏的制造可以足够说明中国在远古时期已经有航海活动这一事实，并且是毋庸置疑的。

我们还可以通过一些出土的文物来对我国古代先民的航海历史进行考证，比如说在蓬莱紫荆山遗址中出土了辽东半岛新石器文化的典型器物直口筒形罐，还出土了作为辽东小朱山中层文化为主要特征的几何形纹，如平行斜线纹、叶脉纹、网络纹、印压纹等纹饰的陶器。在旅顺口郭家村上层发现了又黑又亮又薄、轮制磨光的黑陶及精制的三足杯之类陶器。上述的考古发现都说明了山东半岛的龙山文化已交流渗透到了辽东半岛沿海地区。这种地区间的文化渗透是远古先民不断进行航海探索的结果。

我国远古时代的航海方法一定是很原始的，但必须有最可靠的陆标定位来导航。我们的祖先要把熟悉的地形地位保持在自己的视线内及记忆之中，以保证不迷失方向。

根据考古的发现，在我国的夏朝就已经出现了船的基本雏形，都是木质的帆船。这时期的船只制造已经进入了有规划的阶段，造船技术已经有了基本的工艺。夏代生产力进入了飞跃发展的阶段。这时也有了规、矩、准绳等木工生产工具。夏朝建造木板船的条件已经相当成熟。

随着夏朝社会生产力的发展以及我国远古先民对造船技术的不断改进，在夏朝时已经出现了帆船。这时候，有了带帆的木船，就为我国古代先民航海提供了有利的条件。船上有了帆，这就大大推进了船前进的速度。这是船舶推进动

力的一次飞跃，也是人类对自然风力资源创造性的开发。木板船上使用了风帆，就可以因风致远，使航海范围日益扩大，向大海的深远处前进。帆的出现，反映了我国古代先民的伟大智慧。

到了商朝末年，周武王伐纣，在抵达黄河边的孟津时，姜尚号令参加伐纣的诸侯："总尔众庶，与尔舟楫，后至者斩。"既然大军渡河的工具是舟楫，那么就可以看出周人的造船业已经有一定的规模。在西周灭商后，西周已和朝鲜有了密切的联系，当时既然早已有航海活动，那么和日本有往来也是有可能的。

在江苏连云港锦屏山将军崖上有将军崖岩雕，它刻在黑色岩石上，上面可见农作物、人面、鸟兽、星云等图案和各种符号。这些反映了新石器时代沿海居民的天文知识。他们在多年的航海实践中积累了天文观测的经验，可能已知道利用太阳、月亮和某些星辰的出没规律来辨别方向，以指导出航、返航和进行捕捞等活动。这是人类征服自然、争取生存的必然结果。濒临西太平洋的中国人早在距今七千年前就以原始的舟筏浮具和原始的导航知识开始了海上航行，说明中国和地中海国家一样都是世界海洋文化的发祥地。

由于造船业的发展，殷商时，帝王们已经可以用大量船只追捕逃亡的奴隶了。木板船产生以后，随之而来的问题是它的抗风能力较差，只有当抗风浪能力较强并能借助自然风力进行较远距离持续航行的木帆船出现后，人类的航海活动才更为主动。

到了春秋战国时期，中国的造船与航海的技术都有所提高。当时东南沿海的居民，被统称为越人。这一时期造船与航海技术的提高与他们的努力有着密切的关系。这些越人用船代替车、马作为主要的交通运输工具，已经掌握了相当娴熟的驾船技术。建立在今天江苏、浙江一带的吴国、越国，都拥有海上船队。

总之，在先秦时期，我国已有了海外贸易的萌芽。主要是因为在此时期我国的造船技术和工艺已经有了很大的发展，这就为航海的出现提供了可能。

（二）始皇帝的策略

到了秦始皇时期，我国的航海与造船事业更加得到了当时统治者的重视。

秦始皇曾派徐福率童男童女数千人从山东半岛下海，去向仙人求取长生不老之药。据说徐福后来所带的人到了日本，并在那里定居。我们不管秦始皇的举动是如何的荒谬，也不需要去探求徐福这些人的下落如何，仅仅是这些人一起乘船出海去远航这一件事，就可以反映出当时的航海技术已是相当的发达。

秦始皇建立了我国第一个统一的多民族的中央集权的封建制国家。那时我国的国土东到大海，自北往南为渤海、黄海、东海、南海，已形成一个既是大陆又是海洋的国家，为航海业提供了极为有利的地理条件。随着冶铁业的继续发展，社会生产力有了进一步的提高。贸易的发展，对造船业提出了更高的要求。

秦始皇先后五次巡游，除第一次是在公元前 220 年西巡陇西外，第二次至第五次都是巡游海上。第三次巡游海上是在秦始皇三十二年，秦始皇东巡至碣石，刻石立碑。为追求长生不老又使燕人方士卢生入海求羡门、高誓等古仙人，不得而还。第二年，命将军蒙恬发兵三十万，北击匈奴，收复黄河以南河套地区。第四次巡游海上是在秦始皇三十七年，秦始皇在统一全国不久后就不辞辛劳多次巡游海上是有其政治、军事、经济目的的。这时，齐、燕、越等沿海之地新并不久，六国遗民充满仇视心理，妄图复国，秦始皇不得不到各地去了解情况，进行招抚工作，加强统治，以防政局不稳。

秦始皇在泰山碑文上写道：“既平天下，不懈于治。”他移民改俗，屯戍海防，刻石立碑，炫耀威德，利用沿海地区的经济、航海力量支持边防军事所需。秦朝不仅要发展中原以外的经济，而且要通过沿海港口向海外谋取经济利益。秦始皇统一岭南后就取得了“越之犀角、象齿、翡翠、珠玑”。秦始皇多次乘船航行于江、河、湖、海，如果当时没有较前代发达的造船航海业是不可能的。所以说秦朝开创了我国造船航海业的新时代，是我国航海发展的萌芽时期。

（三）令世人骄傲的汉代贸易

在两汉时期，中国的航海与造船技术已是相当的发达，航海与造船技术的创新开辟了新时代。汉代的造船业颇为发达，在全国的许多地方都有造船工厂，造船的技术水平比春秋时期的更高。有记载说汉武帝曾经造大船，可以载数千人。

在西汉时期，统一的封建王朝继“文景之治”的太平盛世之后，到汉武帝时期，呈现出一派繁荣的景象。这时期的汉朝，不仅国力强盛，而且对外的影响也迅速地扩大。所以这时期的海外贸易也特别的频繁，这就为我国的航海事业提供了有利的条件。汉武帝竭力加强造船业，建立强大的水师，并七次巡海航行。这一时期的航海业与造船业已达到相当发达的时期。

据古籍记载和对现代出土的汉代船模的研究，可知汉代已能根据不同的用途和需要造成各种类型的船，有客船、货船、战船等。战船有很多是从民用船只发展而来的。战船比民船的制造要求要高得多。战船结构、性能的要求都很高，首先要坚固，能防御敌人的进攻，还要有攻击性，要配备能进攻的武器，还要求速度，更要灵活，进退自如。所以战船代表了当时的造船能力和技术水平。

汉代我国造船技术已经成熟。最能说明汉代造船技术高超的是“楼船”。楼船是水军的代称，也是对战船的通称，如把水兵称为楼船卒、楼船士，水军将校称为楼船将军、楼船校尉等。

元狩三年，汉武帝下令在长安城西南挖建了方圆四十里的昆明池，在池中建造楼船。船上能起高楼，所以叫楼船。这是汉代重要的战船船型。楼船秦时已有，汉代时，其规模、形制均较秦时大得多，楼船的大量出现是汉代造船业高度发展的重要标志。西汉有很多水师基地。水师常备军皆驻扎在沿江傍海各要地，属于所在郡守统辖。汉武帝凭借其强大的水师完成了对东瓯、闽越、南越等地方封建割据

政权的统一，巩固了海疆，为东南与南方沿海航路的畅通打下了基础，从而开辟了海上丝绸之路。

汉武帝还曾七次巡海，不但规模很大，而且时间也很频繁，有时一年一次，直到他死去的前两年，在69岁高龄时还在巡海。

元封元年春，汉武帝首次东巡海上，齐人趁机上言海上故事者不下万人。武帝派出了与徐福东渡规模相等的数千人的大船队探寻日本之路。甚至要亲自率船队出海赴蓬莱求仙人，经群臣苦谏才罢。随后他便沿渤海巡行到碣石，向东巡行到辽西，后于五月回都城长安。元封二年春正月，仅距第一次巡海六个月，武帝再巡东莱留居数月，求神仙无所见。

此后，中日航线的中间障碍（朝鲜）被打通，汉人大量迁徙到朝鲜、日本。元封五年冬，武帝先南巡江西、湖南长江中下游造船基地，再从浔阳率一只大船队“自浔阳浮江，射蛟江中，获之”。元封六年十月，武帝东巡至海上，查元封元年派遣出海寻仙船之下落，因未见返航，再派第二批船队出海东渡。太初三年春正月，武帝又东巡海上求神仙并了解出海船队情况，仍未见返航。四月，封泰山，禅石阁，还长安。

太始三年二月，武帝又东巡，求神仙，至琅玡，然后渡海到成山、芝罘，“渡大海而还”。征和四年春正月，武帝最后一次巡海至东莱，欲亲自浮海求神仙，群臣谏阻不听，适逢海上大风十余日，海水沸涌，楼船不能出港，只得返回。

汉武帝极力开辟海上交通，致力于海上各国往来。汉武帝元鼎六年，统一了南越以后，便派出使者访问东南亚各国。访问的航线是从广州的雷州半岛起航，途经今天的越南、马来西亚、缅甸、横渡印度洋到印度半岛南部的黄支国及斯里兰卡。在《汉书·地理志》中已经有关于丝绸作为商品输出到东南亚以及南亚各国的最早记录。这条南海航线，就是最早的“海上丝绸之路”。

在这条航线上，丝绸源源不断地输出到东南亚以及南亚各国，这就是汉武帝时期的主要对外航线。同时，发展海上交通和海外贸易，必须要创造一定的物质基础，这就是要有先进的造船与航海技术。此时的汉朝造船技术已经有了

很大的进步，能够建造相当大的船。

在汉武帝的努力下，汉朝先后开辟了三条重要的海上航线。汉代的帆船开辟了从南海通往印度洋的航线，这是我国历史上的第一条远洋航线，也是世界上最早开展的海外贸易活动。

这时期，我国海船经南海，通过马六甲海峡在印度洋航行，即自广东徐闻、广西合浦往南海通向印度和斯里兰卡。以斯里兰卡为中转点，中国从此处可购得珍珠、璧琉璃、奇石异物等。中国的丝绸等由此可转运到罗马，从而开辟了海上丝绸之路。古罗马科学家普林尼在他的著作《自然史》中说，罗马恺撒时代斯里兰卡岛的拉切斯等四人从海道出使罗马，据拉切斯对罗马人说，他父亲曾亲自到过中国，还说中国和罗马都与斯里兰卡有直接往来。普林尼还介绍说罗马贵族“投江海不测之深，以捞珍珠”。罗马贵族把珠宝除留给自己享用外，还以它们“远赴赛里斯（中国）以换取衣料（丝绸）”。

（四）活跃的隋唐时代

隋唐时期，中国的海外交通在前代发展的基础上，出现了一个蓬勃发展的新局面。中日、中朝之间开辟了更加方便的航路，南海航路上的大食、波斯、天竺、昆仑等国的海运也进一步地兴起，大批的商船来华贸易。中国第一次出现专门管理海外贸易的机构。海上丝绸之路呈现出前所未有的兴盛景象。

这个时期的统治者对发展对外贸易都持有很积极的态度，这就对我国这时期的造船与航海事业有了很大的帮助。隋炀帝接受大臣的建议，在洛阳允许中国人与外国商人贸易，这有了许多通过航海来到中国的商人和大臣。隋炀帝此举显然鼓励了海外的贸易，这样就间接地促进了我国航海事业的发展。同样，唐政府对海外贸易也是十分的重视，唐玄宗封南海神为广利王，这也说明了对海外贸易的重视，同样为我国的航海事业提供了有利的条件。

隋、唐两代王朝国力的强盛

以及经济、文化的高度发展所带来的中国在国外政治影响的扩大，也对这时期海外交通的发展产生了重要的影响。至今在一些国家中国人仍被称作为唐人，是唐代在世界上有很高声望的证明。中国周围的许多国家都同隋、唐两朝建立了政治经济上友好往来的关系。隋唐时期，一方面，朝廷有拓展海外交往的雄心；另一方面，隋唐经济的发展闻名海外，致使外国商家和使节纷纷赶往中国，对外交往空前繁荣。唐代山东半岛海上对外贸易的港口主要集中在登州，登州港不仅是连接唐朝与朝鲜半岛和日本重要的出海口，而且是通往渤海和南方沿海各地的中转港口，因此成为北方海洋文明的传播中心。

这时期的造船技术更加的发达。隋朝杨素在武安造“五牙”大舰，上有五层楼，高百余尺，一艘船可以装上百名的士兵。唐代运粮的船，可载重上万斤。唐朝已造出了当时世界上最大的船。唐末所造的战舰可以承载上千人。

这一时期，因“丝绸之路”阻塞和陆路交通困难，海外贸易空前繁荣。中国商船的远航已由印度半岛延伸至波斯湾。中国同印度支那半岛、马来半岛、马来群岛、印度半岛和阿拉伯半岛等国的贸易颇为发达。唐代同日本、朝鲜的贸易也十分活跃。自 630—894 年，日本遣唐使来华达十三次以上，往返均携带大批商货。

（五）空前繁荣的宋元时代

宋元时期的中外进出口贸易，既给海上丝绸之路带来了空前的繁荣，也对两朝的财政产生了重大的影响。这既有巨大的收益，也产生了消极的影响。消极的方面是，在丝绸、陶瓷等大量从中国输往各国的同时，一些海商在地方官的纵容之下，把大量的铜钱偷运出口。这种情况在北宋时期就已经相当的严重，到南宋时期便已经是更加的普遍。但是，这时期的海外贸易产生的主要影响仍然使宋元两政府在财政上获得了巨大的收益。同时，这时期，中国经海上丝绸之路通往

亚、非国家的范围，比前代更加的扩大，对沿途国家和地区的地理分布，也有着更为清楚地了解。中国的有关官府还绘制了比较详细的海外诸国的地图。

在宋代，无论是南宋政府还是北宋政府，在对外贸易问题上都采取了积极的态度。中国的船只去日本贸易都受到宋朝政府的鼓励，在北宋时期，日本政府禁止日本居民渡海进行海上贸易，但是对宋朝商人航海到日本却很重视。中国商船一到日本进行登记，就可以进行贸易。中国古代海外贸易在国际贸易中长期居于主导地位，但发展过程曲折波动，发展进程迟缓。宋代是中国古代实现对外贸易重心的转移时期，是贸易制度和航海技术创新的时期，奠定了我国古代海上贸易的基本范围。宋代是我国海外贸易发展的重要时期。

在北宋时期，中日之间的贸易主要由海上进行。并且在宋代，海外商人在中国死亡，中国政府负责保护其财产。这一规定引起了良好的反响，对海外商人的这种优待，显然是宋朝政府鼓励海外贸易的一种政策，同样这种优待的政策促进了我国航海事业的发展。据南宋宝庆元年（1225 年）赵汝适《诸番志》记载，宋代与五六十个国家和地区有贸易往来。

到了元代，元朝政府也非常重视同海外地区的贸易往来。元朝政府一占领泉州，就重用南宋末年主管泉州市舶的官员蒲寿庚，让他继续主持泉州的海外贸易。元朝政府还通过福建省向外国商人宣布“其往来互市，个取所欲”。各港口的市舶机构在元朝初年也很快建立起来。虽然在元代曾有过四次的禁海令，但时间都很短，而且都是因为统治者暂时的需要，并不是企图废弃海外贸易政策。纵观整个元代，政府基本上是奉行对外贸易政策的。据元汪大渊《岛夷志略》记载，元代同近百个国家和地区发展了海上贸易关系，这些国家和地区涉及西太平洋和印度洋的广阔海域。

在自给自足的自然经济占优势的情况下，中国封建统治阶级的态度对这一时期的海外贸易的兴衰有着很重要的影响。在宋元时期，虽然有宋金战争和宋元交替之际的战火，但海外贸易却没有因此而衰

落，始终保持着发展的势头。就是在南宋初年的战火中，也很快恢复了海上贸易。这种积极发展的势头与当时统治者积极的态度密不可分。统治阶级积极地发展海外贸易，这就为航海事业的发展提供了最有效和最持久的支持。

在宋代，特别是在宋神宗时期，我国造船的工艺已经达到了世界的先进水平。突出的表现在海船载重量的增加方面。除此之外，这时期造船技术的进步同样也表现在海洋气象规律和天文航海技术的掌握以及指南针的应用。大海万里无际、阴晴风雨、变化无穷。认识和掌握海洋气象的变化规律，对于在海上安全的航行具有很重要的意义。宋元时期发达的海外贸易不仅开辟了远程航线，促进了国家之间的经济文化交流，而且还积累了丰富的航海经验和技术人才，为明朝初期郑和下西洋奠定了基础。

在宋元时期，这些出外进行航海贸易的商船，都有许多船员和水手。每一艘海船上的船员都有严密的组织和分工。船长被称为“纲首”，有的还设有“副纲首”，以下有杂事，也称为“事头”，负责处理日常的一切事务。海船上如此严密的组织和分工，可以使众多的船员和水手动作协调，保证海船在大海中安全地行驶。

（六）成长中的明代贸易

历朝历代的统治者对我国的海上贸易都是采取鼓励和支持的态度，但到了明代却出现了相反的情况。在明太祖继位的第三年，明太祖便派遣使臣向海外诸国宣告明王朝的建立，招诱纳贡。当时日本、朝鲜、琉球以及爪哇、苏门答腊、真腊、占城等十几个国家，都派来了朝贡的使节，元朝以来的大部分朝贡的国家，再次接受向新的王朝纳贡。

然而，明太祖并不喜欢各国来我国纳贡过于频繁，不愿意增加这方面的耗费,因而对纳贡的次数、船只、人数都做了限制。此后，这些国家按照规定，有的三年一贡，有的五年一贡，并且要通过指定的港口才能向明朝纳贡并进入我

国。明朝政府把对外关系纳入朝贡的制度下，把对外贸易只限于朝贡的船只当中，并且采用严谨的海禁政策，全面的禁止私人贸易，尤其是禁止中国人航行到海外。中国的海禁政策出现于元世祖至元二十九年，并非明太祖首创。但在明朝，由于皇宫和中国官僚阶层对东南亚的香料等奢侈品的需求，一种由官方主导的与海外各国的朝贡贸易逐渐兴起。朝贡贸易就是通过两国官方使节的往返，以礼物赠答进行交换的贸易方式。明初的郑和下西洋更是把中国与海外国家的这种朝贡贸易，推向了高潮。朝贡贸易在一定程度上弥补了民间海外贸易衰落带来的损失。

这样，以航海为生业的沿海地区的居民，并没有放弃祖辈所流传下来的职业，开始躲避国禁，来往于海外者不绝。然而，这是一种走私贸易，要期待出现公开贸易那样的盛况是不可能的。于是，唐末以来发展起来的海外贸易从此便衰落下来，商船往来断绝，这是必然的结果。

所有的这些政策都对当时的造船与航海事业起到了阻碍的作用。明太祖之所以采取这样的海禁政策，完全与国际形势相关。在明代初期，政权还没有稳固的时期，与外国之间的频繁联系并不是好事。因而，在这种时候，明太祖特别注意武装商人集团——倭寇活动。元代末期，日本人的海外活动就已经很频繁。他们当中的一部分人，一面从事贸易，一面伺机做海盗，出没于朝鲜半岛及中国的东南部，尤其是浙江、福建一带地方，四处进行劫掠。于是，政府因为这些原因，禁止了私人贸易。而且，倭寇不仅只限于日本人，亦有中国人参加，所以中国人航渡海外，也是不被允许的。

在明太祖以后，海禁政策被作为“祖法”沿袭了下来。明王朝并不是像元朝那样是个开放的国家，连派遣郑和统领船队下西洋、对外贸易显示出积极态度的明成祖也没有例外。明成祖的立场，是促进海外诸国的朝贡，以维持发展官营贸易为主要目的。这时期的郑和下西洋达成了明成祖的意愿，比西方航海家航海时间早、次数多、规模大、技术先进，是世界航海史上的伟大壮举，促进了各国之间的文化经济交流，扩大了中国在海外世界的影响，同时

更促进了南洋地区的经济开发。但中国人的私营贸易和航海依然被禁止。在这一时期，我国航海事业的发展速度是非常缓慢的。

总的来说，在明朝中后期以后，海上丝绸之路的贸易活动，已经趋于停滞和衰落。整个明代可以说是我国海上对外贸易由盛转衰的时期。

（七）彷徨中的清代贸易

顺治元年，清军入关，标志着清朝对全国统治的开始。清朝代替明朝，不但政治上有了很大的变动，而且由于长期战争的影响，给社会经济也造成了巨大的破坏。明朝中期以来，海外贸易十分兴盛的福建、广东、浙江、江苏等地，长年不断地发生战争，这种严重的军事对抗，必然影响海外贸易的进行，也就必然会影响航海事业的发展。顺治十二年，清政府为了对付郑氏海军的攻击，防范沿海人民与之联络响应，颁布了一则全面禁海的命令。由于清朝政府厉行海禁政策，中国与外国的正常海外贸易，几乎是处于停滞状态。从明代以来在宁波、澳门等地设置的市舶衙门，因为没有外国船只进入，事实上已经停罢了。福建一带，本来田少人稠，居民中十之六七，靠海为生。海禁后，商贩断绝，连百姓的粮食也发生危机。著名的外贸口岸，竟被破坏得面貌全非。浙江的太湖平原地区，是全国著名的丝织业中心，每年都有大量的丝绸出口，也因为海禁，再加上其他原因，产品滞销，迫使城镇不少作坊停业，工人废织，有的农民甚至忍痛毁弃桑田，把辛苦培植成长的桑树砍伐掉，改种粮食。

禁海的政策堵塞了正常航运的道路，给沿海人民带来了灾难性的后果。但国外又需要物美价廉的中国商品。所以，尽管东南沿海的战火不断，后来海禁森严，也不能完全隔绝与海外的贸易往来，当时中国与海外的贸易途径主要有以下几个方面：

第一：与郑氏集团进行贸易。郑氏家族本来就是一个著名的海商集团。郑成功的父亲“郑芝龙”雄踞海上，独有南海之利，是沿海一带有名的大富豪。郑芝龙降清后，先是被软禁在北京，后来又问罪处死。留下来的船队先后被郑成功所有。顺治年间，当其他海商因为战乱和海禁而被阻碍贸易的时候，郑成

功却派大批商船，四处从事买卖，他的军队所需，大多数是取自于海外贸易。

第二：私贩贸易。禁海以后，外国的商船不能进入中国的海港，可是双方的私贩贸易却一直都没有停止。这种私贩贸易大多数是贿赂地方的官府后，在秘密或者半秘密的情况下所进行的。在福建，他们还和郑氏集团常常通消息，或者是互相依附。从事私贩贸易的一般都是当地的富豪乡绅，有的是官商。

第三：通过澳门的转口贸易。澳门原属广东的香山县，后为葡萄牙所霸占，清初，广东的地方政府设岭南道和香山副将海防官，负责管理和澳门的通商往来。禁海后，澳门方面的商务也受到影响，后经过葡萄牙的多次请求，清政府才允许开放广东和澳门的商路。从此，内地的一部分货物先是由陆路转到澳门，然后再由澳门转到东南亚和欧洲各国。

第四：朝贡贸易。这是沿袭前代的做法。清朝初年，通过海上进行朝贡的国家，主要是琉球等国家，此外，荷兰等西方国家也借机进行海外贸易的活动。清政府允许这些国家的船队，携带所进贡的货物，随同北运到京师，或者在广州进行买卖。康熙四年，正式设定三年一贡，广州为其进出的口岸。由于清政府种种的限制，朝贡贸易的规模很小，但在海禁时期，通过官方的途径，保持一定的经济关系是非常有利的。

通过以上的简单叙述，我们可以看到清初的社会非常混乱，对海外贸易的干扰也非常大。无论是出海船队的数量还是海外贸易的规模都很小。这就说明在清初年间，中国的海外贸易一直处于极不正常的凋敝状态。这些情况都对我国这时期的航海事业造成消极的影响，并且阻碍了航海事业的发展。

康熙二十二年，清朝政府统一台湾，消除了海上抗清的据点，为全面地开放海禁创造了有利的条件。康熙接受东南沿海官员的请求，停止了清初的海禁政策。但是康熙的开海禁是很有限制的，其中最大的限制就是不许与西方贸易。康熙曾口谕大臣们："除东洋外不许与他国贸易"，并说："海外如西洋等国，千百年后中国恐受其累，此朕逆料之言。"而且此时日本的德川幕府为了防止中国产品对日本的冲击，对与清朝的贸易采用严格地限制。因此，此时的海外贸易与明末相比，已经大为衰弱。

后来，清政府正式解除了海禁，以便让闽粤等沿海居民自由地出海贸易。清政府开

放海禁，一方面是由于全国性的战争已经基本结束，社会经济走向恢复和发展，上下官民对出海贸易的呼声越来越高。另一方面，东南沿海的私贩贸易越来越公开和严重，也使朝廷感到关切。在几经权衡以后，清政府认为与其偷偷地进行海上贸易，不如公开开放海禁，这样清政府便可以从中征收到关税，也有利于国家的财政收入，更加满足了沿海地区居民的要求。

为了筹划开海的贸易，清政府对外贸管理和税收等事务做了一系列的准备。康熙二十四年，清廷宣布在江苏的上海、浙江的宁波、福建的厦门、广东的广州设立四个海关，即江海关、浙海关、闽海关和粤海关。自从唐代以来，历届的封建政府一直设市舶司来管理海外的贸易事务，清政府在初期一度加以沿袭，但没有设立官员，而且常常海陆贸易没有严格地区分。在清政府发布禁海令以后，市舶司很快就被取消了。这时朝廷不再用市舶司，而是改用海关来替代。海关只是负责税收的事宜，其他的事务都是由地方的官府负责。这些改进的措施加强了清政府对海外贸易的管理。到了乾隆以后，清朝开始实行全面的闭关锁国政策，一开始是四口通商，到后来只有广州对外开放通商，且由十三行垄断其进出贸易。清朝的这种对外贸易政策严重地阻碍了中国资本主义的发展。此时，中国的手工业产品在世界上已经没有了竞争力，中国出口到外国的主要货物是茶叶和农产品。清朝初期和中期是中国海外贸易的一个低谷。

在清代的对外贸易中，最重要的港口应该首推广州。它是粤海关所在地，很多到东南亚地区的贸易商船，都在此领取执照后，才能起航。除了广州等传统的港口之外，清代还兴起了一批新的口岸。广东潮州府，从明代以来，就是海商云集之地，开放海禁之后，更加活跃非凡。其中还有沙汕头，据此发展成为该省仅次于广州的一个重要口岸。沙汕头就是今天汕头市的前身。东南沿海一带的海上贸易，在不长的时间里，就有了较大的恢复和发展。闽、粤、江、浙等省商船纷纷航海。同时，外国商船也不断驶往清政府指定的各口岸。

此外，像江苏的上海也是清代发展的重要港口。因为它离日本较近，不少商人多半从事“东洋”贸易，每年采办洋铜的船只都在这里起航。

古代漕运

漕运是利用水道（河道和海道）调运公粮的一种专业运输方式，也是我国古代一项重要的经济政策。古代封建王朝实行漕运的主要目的是运输供官廷消费、百官俸禄、军饷支付和民食调剂的粮草。由于漕运具有重要的经济意义，历代封建王朝都将漕运视为关乎国计民生的生命线。我国幅员辽阔、江河纵横，具有得天独厚的水文资源，更为漕运的发展提供了便利的条件。

一、历时千年的漕运体系

漕运是封建王朝经由河道向指定地点或都城大规模运送粮草的活动。随着这种经济活动的开展和深入，一系列与之相应的制度、设施和活动主体逐渐出现并成熟起来，从而构成了庞大而复杂的漕运体系。

早在先秦时期，伴随着运河的开凿，漕运的历史也拉开了序幕。秦朝的建立使漕运正式走入了国家经济和社会生活之中。汉朝更是将漕运这一体系延续了下来，漕运之盛可谓“大船万艘，转漕相过，东综沧海，西网流沙”。盛唐时期漕运也随之繁盛，到了明清两代，漕运体制更为严密，漕运体系更为健全。

漕运和漕运体系构成了封建王朝的生命力，为封建社会经济的发展提供了源源不竭的动力。国家通过漕运获得了足够的粮食供给，从而维持了封建王朝的生存和发展。我国地理条件优越，大江大河众多，四通八达的水网和大载量的水运为封建王朝征集粮食提供了得天独厚的优势条件，因此，漕运代替了陆运等运输方式成为古代最主要的运输形式。此外，古代造船技术的进步和运河水系的逐步贯通也都为漕运的发展创造了条件。

（一）漕运制度的产生

春秋战国时期，各诸侯国出于争霸战争的需要，为载兵运粮，挖掘了历史上第一批运河。吴王夫差下令开凿了邗沟；魏国开凿了鸿沟；齐国开凿了淄济运河等。但这些运河多是为各国运送战争粮草而服务，并非履行了真正意义上的漕运的任务。

公元前 221 年，秦始皇建立了历史上第一个统一的封建王朝——秦朝。秦朝的都城咸阳处在人口众多、粮食产量较低的关中，再加上封建官僚机构及军

队的庞大，本地和就近城市所产的粮食根本无法满足宫廷、官僚、军队及百姓日常生活的需求。解决这一问题的主要方法就是从其他产粮地区将都城所需的粮草运输过来。于是，秦朝便利用渭水、黄河、济水以及鸿沟等水系将政治中心与两个重要的粮食产区——关东经济区和成都平原紧密地联系在一起。秦朝这种利用水运条件大规模向都城和边疆地区运送粮草的做法，可以称得上是真正意义上的漕运。为了确保漕运的畅通，秦王朝开创了以仓储管理为中心的漕运制度，在咸阳和各个水陆交通枢纽地区建立了许多大型的粮仓，并对漕运系统实行了严格的管理。

秦朝灭亡以后，刘邦建立了西汉，定都长安（今陕西西安）。西汉初年，由于政事从简，政治中心地区所产粮食基本上可以满足皇室、官僚和军队的需求，因而，西汉初年漕运规模并不如秦时那么浩大。随着西汉经济的发展和政事的日益繁多，皇室、官员和百姓数量日益增加，再加上大规模军事活动的开展，复苏漕运势在必行。因此，汉朝恢复了秦朝时期以关东经济区为主要粮食输出地的大规模漕运。汉武帝时，每年从关中经济区漕运的粮食通常为 10.8 万吨，最多则高达 16.2 万吨。由于漕运的规模较大，为确保漕运时大型船只的顺利通行，西汉政府在秦朝漕运水道的基础上又整治了鸿沟，重新开凿了长约三百里的关中漕渠，从而以足够的物质保障成就了大汉的盛世。

25 年，东汉建立，建都洛阳。洛阳座落在关东地区，接近粮食产区，且身处平原，湖泊河流众多，为大规模漕运活动提供了地理上的优势。为使洛阳政治中心的地位得到巩固，东汉政府开凿了从洛阳直通黄河的阳渠，将以往的漕渠重新整治后形成了新的水运航线，中原和江淮等经济区与洛阳紧密相连，洛阳成为当时最大的漕运中心。

秦朝和汉代是古代漕运制度和体系的初步形成期，虽然对漕运的管理和经营等方面还处于开创时期，一些制度和设施仍不完备，但是秦、汉两朝对漕运的重视程度却很高，全国范围内的漕运体系已经建立起来了。

（二）漕运体系的发展和完善

东汉灭亡以后，中国出现了继春秋战国之

后的又一个长期分裂时期——魏晋南北朝时期。这一时期，政治格局的纷乱打破了秦汉两代建立起来的全国范围的漕运体系。各个割据势力都建立起了以自己都城为中心的区域性漕运体系。

例如，曹丕建立起的魏在将都城由邺城迁移到洛阳之后，为了加强中原与江淮地区之间的联系挖掘了诸如淮阳渠、广漕渠、千金渠等运河。以建康（今南京）为都城的东吴开凿了横塘，建立起了以都城为中心的南方漕运体系。东晋和南朝时期，继续保留了东吴建立起来的漕运体系。其中，东晋时期漕运运载货物繁盛，经济发展迅速，人口大幅度增加，建康一度成为史上南方地区有史料记载的第一个人口超过百万的城市。

魏晋南北朝时期漕运的开展虽也颇有成效，但是由于战事频繁，政治格局不稳定，此时的漕运规模较小。到了隋朝，随着漕运规模的逐渐扩大，古代漕运进入了一个繁荣时期。

隋朝建都洛阳，在继承和保留下来漕河运道之后，隋朝又在这一基础上开凿了广通渠、通济渠、永济渠、邗沟和江南河。为确保庞大的漕运体系能够正常运作，隋朝政府以仓储制度为中心，配合漕运体系，在运河沿岸水流交汇处、京师长安和东都洛阳建立起了供漕粮运转和存储的大仓库，著名的有太仓、黎阳仓、太原仓、洛口仓等。这些大型粮仓中仅一仓所存的粮食就相当于隋朝全年粟米收入的总量，隋时漕运之繁荣可见一斑。

隋炀帝的骄奢淫逸覆灭了隋朝，将唐王朝推上了历史的浪尖。唐王朝定都长安，又建东都洛阳。隋朝的漕运体系和仓储制度被唐保留了下来，并在此基础上又进行了新的改革。秦、汉时期漕粮主要源自关东经济区，到了唐代漕粮供应地逐渐由关东转向了江淮地区，东南地区渐渐成为了唐政权的主要赋税来源。对漕运方法唐朝主要进行了两次新的改革。开元年间，唐朝采用了“分段运输法”。该法主张在水深时进行漕运，水浅时则进行仓储，江船不准入河，从而极大地提高了漕运的数量和质量。开元、天宝年间之后，历时八年的“安史之乱”大大损害了盛世年间建立起的漕运体系。唐朝政府平定了叛乱之后，为了迅速恢复漕运体系的畅通，在“分段运输法”的基础上又实行了“转搬法”。“转搬法” 结合了各个河段的水势和地形的特点，以先入江、再入汴、后进河，

最后入渭水的办法将物资分段运至京师。唐代对漕运方法的改革使古代漕运制度第一次实现了系统化，为后世漕运体系的发展提供了依据。

从秦汉漕运制度的建立，到隋唐漕运制度的繁荣，漕运体系在历史的长河里不断地变化并发展着。直至漕运制度发展到宋朝的时候，我们才可以说漕运体系真正得到了完善。

北宋立国后定汴京（又称大梁，今河南开封）为都。为将各地物资源源不断地输入京师，北宋以汴河、黄河、惠民河和广济河作为主要干线，将各个经济区所产的粮食和物资汇集到汴京。其中，汴河不仅行使了漕运的功能，还有效地将北方政治中心和东南赋税重心联系到一起，从而满足了统治者对经济和政治的双重需求。

继北宋之后，南宋定都临安（今杭州），政治中心和经济重心的重合大大地降低了漕运的成本。凭借便利的水运条件，南宋建立起了以临安为中心的漕运体系，保证了南宋政权的稳定。

为保证大规模漕运的顺利进行，南北宋时期还在漕运制度和漕运体系方面进行了改革。在传输方法上规定：从江淮所漕之粮转运到邻近京师的粮仓，之后再用船运输直抵京师。宋朝的漕运法令严格，不仅规定了漕船的容量，还考虑到漕运时所能遇到的具体问题，不仅对漕船的停靠时间、船工管理办法、人员任用尺度等方面做了规定，甚至对漕粮的干湿程度等这类问题也制定了相应的准则。此外，为保证漕运畅通，宋代还注意整治河道，及时疏浚；榆柳成行，以固河堤。

宋代的漕运体系不仅严密，而且效率很高，在保证京师对各地物资需求的同时，还将中国古代漕运体系的发展推向了巅峰。

（三）漕运体系的兴盛

自南宋定都临安起，古代中国的经济重心完全移到了江南地区。元朝以大都（北京）为都城，政治中心和经济重心完全分离。为了使江南的经济重心和北方的政治中心联系在一起，元朝不仅重新开通了京杭大运河，还开辟了海运航道，从而最终确定了以大都为中心的漕运体系，

为明清两代的漕运格局的最终确定奠定了基础。

元朝建立初期，漕运主要是以河运为主。但是漕运具有因季节性变化的特点，天旱水浅，河道淤塞时漕运运量就会减少，运量的不足难以满足政治中心地区对物资的需求。为平衡京师地区对物资的需求，元朝政府大力开辟了海上漕运路线。由于海运节省时间和运费，且运载量大，海路成为了元朝最主要的漕运路线。为保证海上漕运的顺利进行，元朝还设立了专门的机构和官员来管理海运事务。

1368 年，朱元璋建立了明朝，定都南京。三十五年以后，燕王朱棣将京师迁往北京。明朝初期，为了给北方军队提供给养，恢复了元朝的海运制度。但是由于航道生疏，再加上恶劣的气候条件，沉船事故经常发生。为减少海运的险阻，明朝将漕运重点主要放在了河运上。由于山东一带的海运常年受到倭寇的侵扰，永乐年间政府扩建了元朝保留下来的大运河，开凿了山东西部的济宁段运河。大运河的河运从而替代了海运，海运粮道最终被废止。明朝时期通过大运河每年从南方运到北方的粮食平均约 20 万吨，最高时达到近 30 万吨。此外，明朝对漕粮的征集和上交看管严格，整个过程由驻守运河沿线的军队看护，从而保障了漕运的安全。

清朝沿袭了明朝开创的漕运体系，并在此基础上做出了新的调整。清朝的对漕运治理的重点主要放在疏浚河道，整顿漕政和加强对漕运体系的管理上面，京杭大运河丧失已久的漕运功能得以全面恢复。雍正、乾隆两朝在河道的疏浚上加强了治理力度，从而确保了漕运长时期畅通。清朝每年向江南地区征收一定量的漕粮。由于漕粮数量很大，清朝在漕运管理制度上也做出了严格的规定。上至总督，下至运卒；总至中央，分至地方都各司其职，组成了一个权责明确、分工有序的漕运体系，从而谱写了我国漕运史上的最后一篇辉煌乐章。

我国古代的漕运虽然在很大程度上确保了历朝历代经济和政治的稳定，但也带来了一定的负面影响。统治者通过漕运将南方的钱财和物资不断运往北方，为满足一己私欲不断对江南地区进行搜刮，再加之漕运过程中人力和物力的损耗巨大、贪污腐化严重，漕运所带来的负担全部压在了人民的身上，这必然会激起各种形式的反抗。为了确保漕运的畅通和运河的疏通，国家倾注了巨大的财力、物力和人力修筑运河，漕运的成本奇高，结果导致国敝民疲，怨声载道。随着封建王朝的彻底衰落，经历世事变迁的漕运也最终走到了尽头。

二、一统国家的稳定保障

漕运是封建王朝的经济命脉，在漕运的过程中南北方的经济得到了交流，河流沿岸的城市也以漕运为契机崛起并繁荣起来，除了经济意义，漕运在军事、政治、民族融合和中外文化交往方面发挥了重要的作用。

随着古代社会经济重心逐渐南移，政治、军事重心与经济重心最终分离，因此，漕运对于各王朝的政治和军事意义便更加突出。为了保卫政治中心和国家的边境不受外敌侵犯，历朝历代都在京师的所在和边境地区驻军防御，国家还在地方和政治中心驻扎了众多军队以进行对外战争和镇压民众的暴动，漕运便成为了最强大的物质后盾。并且，承载漕运的河流也成为了兵家的必争之地。

漕运不仅在疆域上将东西南北融会贯通，在政治领域上，各个王朝的统治者也利用漕运所形成的体系，通过优越的地理位置、富足的经济条件和卓越的人文环境来强化和巩固王朝的政治统治，从而达到对全国思想的驾驭。此外，在民族融合和对外交流上，承载着漕运的各条河流使各民族和各国人民之间的交往更为密切，出现了南北文化和中外文化交相辉映的繁荣局面。

漕运不仅是封建王朝强大的经济后盾，还是国家军事和政治等领域的主要通道，是维护国家统一和稳定的保障。

（一）漕运的军事功能

为了维护统治，攘外安内，每个封建政权都会建立起一支强大的军事力量。由于封建时期的军队大多驻扎在远离经济重心的京师和军事战略要地，军队所需要的粮草补给就必须通过运输来实现。漕运以其自身的优势在运送军需的过程中起到了极其重要的作用。

大运河最早开凿的河道是邗沟，开凿河

道的最初目的就是发挥其军事功能。此后历朝历代都十分重视漕运的军事功能。秦朝开凿了灵渠，以此来实现对五岭（指南岭山脉中五座著名的山岭）的征服和统治。汉代通过漕运路线向东南及南方地区输送物资及兵员。到了三国时期，政局混乱，漕运的军事作用更为明显，为了在争霸战争中取得胜利，各国修筑河渠的最主要目的就是保证兵员的运送和军队后勤资源的供给。

隋朝建立初期，为剿灭一些地方势力和其他政权，先后开凿了山阳渎和永济渠等河道，为战争运送了足够的粮草和军事补给，对战争的胜利起到了非常重要的作用。

到了唐朝中期以后，政治和军事中心与南方的经济重心逐渐分离。统治者要对南北方进行有效的统治，就必须通过漕运将南北方紧密联系起来。因此漕运就更凸显了其对军事的经济支持作用。唐代著名诗人杜甫在《昔游》一诗中一句“幽燕盛用武，供给亦劳哉”道出了漕运在军事运输中的重要性。唐时漕运的军事功能如此之重，随着唐玄宗将府兵制（农忙时耕种，间隙练兵，有战时出征的军事制度）改为募兵制（发放军饷的职业士兵），军队给养成为了漕运的最主要目的。

宋朝的漕运依然是以军事目的为主。政府所用军需几乎全以江南漕粮为支撑。明清两代将都城设立在北京。由于驻军较多，边界线较长，所需之粮草必须靠漕运来维持。

正是有了漕运这一体系的保障，各个朝代即使是在战乱之年仍能保证军有所依，从而稳定了军心，维护了政权。即便是在连年的战乱以后，依靠漕运来的物资，一些政权仍然能够维持很久。由此可见，漕运对于历代王朝的军事政权功不可没。

在长达两千多年的封建社会，很多时候都充满了战乱。无论是规模大小不等的政权之间的战争、少数民族与中原民族之间的战争，还是农民起义，很多都发生在漕运必经的路线上。由于漕运具有任何统治阶级都需要的功能，对漕运路线沿岸地区的争夺也十分激烈。但由于运河一般都处在平原位置，守者如

坚持死守，攻者则很难夺取。因此，具有漕粮运物功能的运河还是浑然天成的御敌之所。

隋末的瓦岗军起义就是以通济渠、永济渠和邗沟一带为起义中心，给隋朝政府以重创。清朝末年爆发的太平天国运动为争夺漕运重镇，曾经三进扬州，不仅夺取了镇江，还攻占了苏州和杭州等城市，清政府的统治一度陷入了混乱。此外，古代统治者在其统治的过程中也运用漕运体系平复了内乱。在“安史之乱”中，唐朝加强了对漕运沿线军事要地的守卫，夺取了沿线的运河城市，最终平定了这场战乱。

为了巩固统治阶级的政权，加强对运河地区的军事控制，历代统治者还十分重视对漕运河流的军事防范。北宋时期派专门的粮兵驻守在运河沿岸，以加强对京畿地区和漕运主线的守卫。元朝时期，为了加强江防不仅设立了沿江行院，还源源不断地补充了漕运沿线重镇的守军数量。清代不仅在一些漕运重要之处驻守了旗兵，还在一些漕运重镇驻守了绿营河兵（每营一千人）。

漕运不仅对平定内忧起到了巨大的作用，在消除外患方面也做出了巨大的贡献。最著名的要数明朝抗击倭寇的保卫战。东南地区的运河不仅防御了敌人，而且还在抗倭斗争中及时保障了粮草和兵员的充足，漕运沿线地区的人民在斗争中也做出了巨大的贡献。

（二）对国家稳定统一的政治影响

漕运不仅保证了封建王朝的经济需求，完善了军事防御，稳定了政局，还对国家的统一做出了贡献。

早在战国时期，漕运就在统一六国时起到了重要的作用。灵渠的开凿加速了秦王朝对岭南的统一，对江南运河部分河段的开凿不仅巩固了南北方的稳定，而且还在经济、政治、文化等方面将南北联系了起来。汉朝通过漕运将政治中心与南方相连接。

三国鼎力时期，诸侯争霸。曹操在黄河以北地区开挖了广漕渠和白沟等渠道，为统一北方的军事行动奠定了基础。此外，曹操还开辟了中原

到辽东地区和河北北部的水路联系，从而为后世朝代统一全国奠定了基础。

隋朝统一南方以后，江南的一些势力仍然威胁着隋朝的统治。为图长远之计，隋文帝杨广下令开凿了大运河，通过大运河的河道将政治势力从南到北深入到全国的各个角落。唐宋时期，随着全国经济重心的南移，漕运开始成为政治中心的生命线，漕运的功能也更加完备。到了元明清，政治中心完全北移，漕运在南北方的交流和促进政局统一方面起到了不可替代的作用。

漕运的发展史与我国古代政治格局的发展和变化是密不可分的。漕运航线的畅通保证了国家的兴旺和统一，一旦国家难以保证漕运航线畅通的时候，国家的统一和稳定就会受到威胁。因此，漕运是古代封建王朝维护政局统一的保障。

漕运河流所流经的地区无论是在经济、政治，还是在军事及文化等诸方面都是全国的重要区域。因此，要巩固封建政治统治，加强思想控制，统治者必须要对漕运沿线地区进行控制。

通过漕运加强思想控制的朝代有很多，其中最为著名的就是清朝对江南地区的控制。

江南地区是经济发达地区，通常经济发达地区的思想活跃程度也较高。清朝入关以后，江南地区对清政府的抵抗最为激烈。为加强对南方地区的思想控制，康熙和乾隆两位皇帝曾经六次沿大运河沿岸南巡，借此加强对东南地区的思想安抚。

此外，为了进一步加强对全国的思想控制，清朝历代皇帝在南巡的过程中还尽量表现出对南方文人的优待和对儒学的尊重，处处显示出朝廷的宽容，从思想和文化上笼络人心。另外，清朝还大兴文字狱。仅在乾隆统治期间所发生的大小文字狱就不下百起，大有秦始皇“焚书坑儒”之势。文字恐怖在漕运沿线蔓延，但是，这并没有阻碍文化的传承，反而造就了清代诗词小说的繁盛。

历代的漕运都是以经济发展程度较高的地区为起点。封建朝廷想要在某处建立漕运除了要考虑地理与水文环境之外，还要考虑到当地的财政收入状况。经济条件的优越势必会导致地方势力的膨胀，从而威胁到整个国家的稳定。因

此，封建王朝在大力发展漕运的同时，也从实际上削弱了地方势力的物质基础，全面掌控了各地的经济命脉，从而使皇权所在的政治中心在政治和经济上都立于不败之地。

北宋在建立的时候就是权衡了当时的漕运河网的分布，将都城定在了开封。为加强中央集权，削弱地方势力，北宋通过漕运先后实现了在政治、军事和财政等方面的高度集中。

元代建立初期，国家动荡，战后灾民、荒民流离失所，粮食囤积在少数人手中，物价居高不下。为了稳定社会秩序，元代统治者通过漕运将各地的物资聚拢，然后对灾民和荒民进行赈济，并稳定了市场上的物价，从而保障了国家的统一安定。

明清时期，封建政府建立了许多大型粮仓。在粮食丰收之年，政府将漕运来的粮食囤积在粮仓之内。在灾荒年间，当市场上粮食出现短缺而造成粮价不稳的时候，政府便开仓放粮，救济灾民，稳定粮价，从而保障了社会的均衡。

对历代封建王朝来说，漕运对社会进行制衡的作用是无可替代的。它就像一根隐形的杠杆，保障了社会秩序的稳定。

（三）民族融合的重要纽带

自古以来，我国就是一个多民族的国家。长期的交流与合作沟通造就了当今民族大融合的局势。自漕运体制实行以来，各民族之间就以之为纽带进行着生生不息的交流。漕运不仅促进了南北方之间的交流，它更将各民族的命运联系在了一起，从而最终融汇成了中华民族这一大家庭。

古时漕运所在地区一般都是平原地区和经济条件优越的近水地区。河流自古以来就是城市的发源地。因此，漕运所在地区吸引了各民族的迁徙和定居。正是有了各民族之间的相互杂居，以及经济、文化和生活习俗的互相渗透，才最终形成了历史上民族的大融合。

纵观历史，我国古代主要出现了三次大规模的民族迁徙：“永嘉之乱”、“安史之乱”和“靖康之难”。西晋时期的“永嘉之乱”引发了持

续百年的移民潮，北方的汉族和匈奴、鲜卑等一些少数民族大规模南迁，为落后的南方带去了先进的生产技术和文化，为江南地区的繁荣奠定了基础。唐代的“安史之乱”使大批北方移民移居江南，此后，经济中心也开始向南移动。宋朝的“靖康之难”引发了古代规模最大的一次移民。中原的汉族和少数民族移居江南，使南方成为经济最发达的地区，自此以后江南地区就成为我国经济文化的中心。

各民族人口汇聚在漕运沿线，在与汉族长期的杂居与通婚中，少数民族逐渐与汉族融为一体。一些少数民族政权还接受了中原先进的文化，顺应了民族融合的大趋势，效仿中原的政治与经济制度及生活风俗实行了汉化改革，从而实现了一些民族的汉化。唐代时期更是民族的大融合时期。吐蕃、南诏、契丹、回纥等民族不仅积极与唐朝交流，一些民族还进入南方漕运城市居住。到了辽宋夏金对立时期，各政权虽然矛盾重重，但是民族融合的大势却是战乱无法阻挡的。汉族与少数民族居住在一起，互相交流，互相融合。

到了元代以后，元政府在一定程度上消除了民族间的隔阂，规定汉人、契丹人和女真人享有同等的社会地位。清代是我国古代民族融合的高潮。清朝入关后打破了原有的民族间的地域界限，客观上为融合提供了便利。为了巩固统治，清政府还十分重视与其他少数民族之间的交流，这一举动使民族间的联系更加密切了。另外，漕运还包容了不同的宗教信仰，佛寺、道观、清真寺遍布运河沿线，根据宗教信仰聚居的许多民族也都在漕运沿线居住了下来，并且一直与其他民族相互交流。

民族的融合不仅稳定了政局，并且从整体上提高了民族素质。漕运就有如一条动脉，将先进的文明源源不断地输入各民族中。

漕运地区多为主要的粮食产区。这些地区不仅具有丰富的农耕经验，并且掌握了先进农垦工具的使用方法。而少数民族多以游牧为生，生活不稳定，且生活水平低下。因此，漕运地区将这些居无定所的少数民族凝聚到了一起，在融合的过程中，这些民族学会了农耕技术，从而大大地提高了生活水平。

此外，漕运地区不仅是经济中心，也是文化活跃的中心。聚集在漕河沿岸的少数民族在融合的过程中不仅学会了先进的农耕技术，还在思想上受到熏陶，

接受了最先进的文化，从而大大提高了民族素质。

（四）漕运与对外交流

我国古代的漕运不仅将天然的水系沟通到了一起，一些河流还与海洋联系密切，从而为我国古代的对外交流提供了便利。

隋唐以前，我国进行对外交流主要是通过“丝绸之路”。随着漕运的开展和运河的开凿，我国的水网不仅遍布了全国，而且还延伸了陆上与海上的交通，外国使节和商人纷纷来访，对外贸易日益频繁。

宋朝时期，对外贸易主要分为四条路线：京东路、南路、丝绸之路和南方路。京东路线主要是与高丽进行贸易的路线；南路进行的是与日本和高丽两国间的贸易；丝绸之路主要通过汴河入黄河、渭水，与中亚进行贸易；南方路线主要进行的是阿拉伯国家、东南亚各国与我国之间的贸易。为适应对外贸易的需要，宋朝还为各国的客商专门设立了亭馆，如高丽行馆、波斯馆、清真寺等。但无论是商贸地区，还是驿馆所在，都设在了漕河沿岸。故也可将我国古代与外国之间的贸易称之为“漕来的贸易”。

通过漕运，外国的使节每年还带入了大量的贡品，珠宝、香料和象牙等带有异域风情的物品流入中国。中国往往以丝绸、瓷器及各种土特产品等赠与各国。通过便利的漕运，中国的商品源源不断地输出到海外，从而加强了与海外各国的贸易交流。

郑和下西洋之后，各国与中国之间的交流更为密切。明代迁都北京以后，漕运主线——京杭大运河的地位得以突显。从东南沿海登陆我国的外国使节都要经过大运河才能到达北京。凭借漕运的运输功能，我国在明清时期还引入了国外的一些作物，这些作物不仅缓解了我国由于人多地少造成的粮食匮乏，也从侧面反映出我国与外国人民之间的深厚友谊。

频繁的对外交往不仅让异

国人民认识到了中国的物质文明，随之被传播到各国的文化也对各国人民产生了巨大的影响。外来的商人和使节在来中国贸易的过程中也带来了多姿多彩的异国文化，从而使我国的文化呈现出异彩纷呈的局面。

中国在文化交流上与日本来往密切。我国的高僧和使者频频东渡，赴日传播先进的文化。其中最著名的有鉴真高僧东渡日本宣扬佛法。宋朝时期我国向高丽国输出了大量的佛典和医书。中国的四大发明、音乐、美术和天文学也被传入欧洲各国。

在我国文化向外传播的同时，外国的文化也进入了我国。如元朝时期许多阿拉伯天文学家访问我国，带来了阿拉伯先进的天文学知识，从而为我国天文学的发展注入了新的思想。漕运也给中国带来了大量的先进知识。西方许多传教士来到中国传教的同时还将西方的一些自然科学带到了中国，从而促进了我国自然科学的发展。

漕运有如一根纽带，不仅促进了中外贸易的流通和文化的交往，更将许多先进的技术、书籍和发明创造传播到了许多国家，从而加快了人类文明前进的脚步。

三、漕运干线——大运河

两千五百多年前，吴王夫差下令开凿了一条人工运河——邗沟，这条运河成为了“为后世开万世之利”的大运河的奠基石。举世闻名的京杭大运河，是世界上开凿最早、最长的一条人工河道。

大运河的开凿并不是一步完成的，它孕育于春秋时期，贯通于隋朝，繁荣于唐宋两代，完善于元代，重整于明清，主要经历了三次较大的历史变迁：

春秋末期，统治长江下游一带的吴王夫差为了争取中原霸主的地位，下令开凿了邗沟。邗沟经扬州向东北延伸，终到淮安入淮河，全长一百七十公里，成为大运河最早修建的一段，为隋朝大运河的贯通奠定了基础。

隋朝统一全国后，隋炀帝于605年下令开凿了从洛阳经山东最终到达涿郡（今北京）的永济渠。之后，隋炀帝又下令开凿了通济渠。610年，隋朝征集大量劳工对邗沟进行了改造。与此同时，隋炀帝又下令开凿了江苏镇江至浙江杭州的江南运河，大运河全线贯通。

13世纪末元朝定都北京后。花费了十年时间，先后开挖了“洛州河”和“会通河”，以杭州为终点，将天津至江苏清江之间的天然河道和湖泊连接起来。在北京与天津之间，元王朝又下令重新修治“通惠河”。从而最终形成了京杭大运河。

大运河以北京为起点，流经北京、河北、天津、山东、江苏、浙江六个重镇城市，最终抵达了杭州。京杭大运河沟通了我国主要的五大水系海河、黄河、淮河、长江、钱塘江，这是世界上最长的古代运河。大运河充当中国漕运的重要通道历时一千二百多年。在中华民族的发展史上，为发展南北交通，沟通南北之间经济、文化等方面的联系做出了巨大的贡献。

（一）大运河的开凿与贯通

春秋战国时期，政局混乱，为适应诸侯争霸的需求，保证战争兵员

和粮草供应，一些诸侯国纷纷开凿了运河。这些早期的运河中就包括了京杭大运河的前身——邗沟。

邗沟地处太湖流域，这里河道纵横，大大小小的湖泊星罗棋布，当地居民精通造船与航行之术。自然条件和人文条件的便利为邗沟的开凿提供了条件。公元前 486 年，逐渐强盛的吴国为击败其他诸侯国，称霸中原，吴王夫差下令在长江与淮河之间开凿了一条运河，这条运河全长约一百六十公里，史称“邗沟”。两年以后，吴军打败了齐国。吴王夫差又下令开凿了“菏水”(因水源来自山东菏泽而得名)。该运河使得吴国的军队可以从长江进入淮河，再由淮河辗转进入黄河，从而联结了长江和黄河两大水系。

秦始皇统一中国以后，下令开凿了从镇江到丹阳的运河——曲阿（又名丹徒水道），从而加强了对南方的控制。此外，秦始皇还整治了杭州通往苏州的水道，进一步巩固了对南方经济发达地区的统治。

魏晋南北朝时期，频繁的战争破坏了原来的漕运系统。为了能够在诸侯争霸中立于不败之地，曹操修治了通往官渡（今河南中牟东北）的睢阳渠（位于今河南省商丘市南)。四年以后，曹操又下令开凿了多条沟渠，其中白沟、平虏渠和泉州渠的一部分为隋朝永济渠的开挖奠定了基础。

隋朝是历史上存在最短的王朝，但就在隋朝存在的这短短三十七年里，大运河实现了全线的贯通。

隋朝建立之初曾以长安（今西安市）为都城，但是由于人多地少，粮食供不应求，物资十分匮乏，而此时的江南却是鱼粮富饶之地。为将南方的粮食与物资运到物资缺乏的都城，隋文帝下令开凿了广通渠，连接了黄河和关东地区，还将已经淤堵的邗沟重新疏通。有了漕运的支持，隋朝的经济迅速得到了恢复和发展，漕渠的开通与疏通，再加上良好的经济条件为大运河的全线贯通奠定了坚实的基础。

605 年，隋炀帝即位，将都城由长安迁至东都洛阳，开始了以洛阳为中心开凿大运河的浩大工程。隋炀帝首先下令开凿了通济渠。通济渠主要分为三段：东段引黄河入汴梁，再至开封入淮河，最后由淮河入邗沟北端。通济渠的开凿

为当时的洛阳带来了空前的繁荣。在开凿通济渠的同时隋炀帝又动用了大量的人力和物力第三次开凿了邗沟，通过浩大的工程，邗沟的河道被加宽，从而方便了大型船只的往来。

608年，隋朝政府征集百余万民工开凿了长达一千多里的永济渠，南接黄河，北通涿郡（今北京），完成了南北之间的沟通。时隔两年，隋炀帝又下令开凿了江南运河。江南运河北接邗沟，最终到达杭州，全长八百余里，宽十余丈，终年水流不断，船行不息。

自隋炀帝登基即位开始，隋朝仅用了六年的时间就贯通了长达两千五百公里的大运河。

大运河纵贯南北，沟通了海河、黄河、淮河、长江和钱塘江五大水系，为古代漕运的发展提供了便利。大运河使南北之间的沟通更为便利，经济与文化交流更为频繁，从而推动了历史的进步。

（二）京杭大运河的形成

隋灭亡后，唐高祖李渊建立了唐王朝。与古代的其他政权一样，唐朝也十分重视漕运的发展。由于开凿时间较短，隋朝虽实现了大运河的贯通，但有些河道船运并不顺畅。因此，唐宋两朝又对大运河进行了日益完善的整治。

隋炀帝修建的大运河，由于完工较为仓促，有些河段使用了天然河道，险滩暗礁重重，经常造成船翻人亡的事故。尤其是从洛阳到长安之间的黄河水路，河水激流滚滚，沉船事件经常发生，长安城的物资供给常常得不到保障。最初，唐朝采用水陆两运的方法，但是这种办法既耗时又费力，长安的粮食和物资仍难以得到保障。742年，唐玄宗李隆基下令修复了汉代所建的关中漕渠，至此解决了漕船难抵长安的困难，从而保障了物资的充裕。

通济渠和邗沟由于分别以黄河和长江之水为水源，泥沙淤积十分严重。为确保这两个河段的通畅，唐宋两朝经常对这两个河段进行大规模的疏浚。但疏浚之法只能暂时缓解淤塞，却不能从根

本上解决这一问题。因此，为确保通济渠水流的顺畅，宋朝时期修建了一条新运河，引洛水入通济渠，并同时阻断黄河水源，通济渠得以四季通畅。在解决邗沟淤堵的问题上，宋代挖伊娄河，将入江口直接通江，从而确保了漕船的运行。此外，唐宋对江南运河和永济渠也进行了相应的整治，修堤护渠，修新渠引新水源入渠，从而确保了漕粮的运输。

13世纪，忽必烈入主中原，建立了元代，定大都（今北京）为京师。政治中心的北移使漕运的路线也发生了变化。

元朝初年，为保障政治中心对粮食等物资的需求，漕运航线主要在海上。但是由于气候的变化和海上的风浪的威胁，沉船无数，白白浪费了大量的人力和物资。就此，元政府决定河漕、海漕并用，将大运河东移改线。

元十八年（1281年），元世祖下令修凿济州河。济州河全长一百五十里，起于济州（今山东济宁市），终汇于大清河。为补充济州河的水源，元朝修堤筑堰，从而提高了济州河源河泗水的水位，保障了漕运的畅通。

八年之后，元朝又下令向北开凿了会通河。会通河全长二百五十里，在临清与御河（卫河）相接，经直沽（今天津）接白河到达通州，漕船可以由江南直抵通州。

元至元二十九年，朝廷下令开凿了京杭大运河最后一段直达北京的通道，即通惠河。通惠河全长一百六十四里，将元大都与通州连接到了一起。至此，连南接北的京杭大运河全线贯通。

虽然由于地势和气候等自然条件，元代的河漕经常被阻断，不得不以海运为主要漕运手段，但是元代将京杭大运河彻底贯通的做法无疑是功不可没的。京杭大运河的形成不仅为明清漕运的发展奠定了基础，对后世的影响也一直延续至今。

（三）京杭大运河的整治与完善

明清两代，通过河道漕运粮食又成为了主要的漕运方式。为使漕运的水路

更为通畅，明朝和清朝的统治者耗费了大量的人力、物力和财力对京杭大运河进行整治，从而完善了京杭大运河漕运物资的功能。

明朝初建，朱元璋定应天（今南京）为首都，但是，时隔不久，燕王朱棣登基，迁都北京。明朝基本沿袭了清朝的漕运格局，经京杭大运河将南方富饶的粮食、丝帛、茶叶源源不断地运送到京都。与明朝一样，清朝同样定都北京，北方所需的经济物资也是通过京杭大运河漕运而来。

元朝虽然完成了大运河的最终贯通，但是，会通河段由于地处丘陵地区，水源不足，往往使漕船通行艰难。此外，元代形成的大运河与黄河交叉。黄河洪涝的时候洪灾泛滥，干旱的时候又淤堵河道，运河在这两方面的影响下经常不能正常完成漕运的使命。为此，明清两代就会通河和受黄河影响的河段进行了多次的整治。

元朝的时候，为了缓解会通河水量不足的问题，对会通河进行了疏浚。但是由于地势的问题，水源难以进入会通河，为了解决这一难题，明代调整了元代时会通河的分水点，截汶水于地势较高处，再开新渠引水入黄河。为调节水量，明朝还在运河交汇处的上下游各建造一道水闸。由于汶水和泗水的水量经常不稳定，明代还经常将汶水与泗水上中游各府县境内的泉水经沟渠引入汶水与泗水当中。此外，明代还筑堤修库，修建闸门，进而确保水量的充足。经过这一系列的治理，明朝的时候基本上解决了会通河的水量问题，京杭大运河全线通航。

解决了会通河水量问题之后，明政府又集中全力治理黄河。黄河干扰的地区主要是济宁至徐州的泗水河段。当时，该河段的东部形成了几个较大的湖泊，明朝便借着这些湖泊作为天然的屏障，将济宁至徐州之间的运河东移，从而避开了黄河的干扰。

清代对大运河整治的重点主要放在运河与黄河、淮河交汇地区。由于这一地区湖泊较多，天然的河道又交汇纵横，黄河一旦泛滥，这一地区的水系就变得十分复杂，对当地危害巨大。为了彻底解决黄河泛滥所造成的危害，康熙年间对黄河、淮河和运河之间同时进行

了为期六年的治理，取得了较好的成果。此后，康熙帝又下令开通了皂河和中河（从直河口至清河县），从根本上保证了京杭大运河漕运的畅通。漕船往来如织，穿梭于北京与江南之间，从而使清朝出现了历史上的一大盛世景象——康乾盛世。

（四）京杭大运河的管理

春秋战国时期运河仅仅是各诸侯国军事策略的一部分，并没有真正受到当权者的重视，所以更谈不上什么管理。但是随着漕运在国家经济命脉中所起的作用越来越大，运河和漕运逐渐成为各封建王朝的生命线。由于京杭大运河在漕运中占据了最重要的位置，因此，历代王朝都非常重视对大运河的使用和管理。为了确保漕粮运道的通畅，历代都设立了专门的漕运管理机构。

秦朝的时候虽然没有设立专门的管理机构，但也设有治理内史监治漕运。汉朝与秦朝一样，没有专门的管理机构管理漕运，只是设有大司农监管漕运。到了隋炀帝时期，主要由我国最早的运输管理部门“舟楫署”来主管漕运。到了唐朝初期，设立了水路运使来专门管理漕运。后期，为了加强对漕运的管理力度，唐朝的宰相也兼任运使之职。

宋代设都转运使负责漕运，又设副使辅助处理具体事宜。元朝时期，漕、运分开，设都水监管理全国水政，各运河还设分监掌管各地的漕运事务。在漕运管理方面由漕运使总管漕政，各河段还驻有军队防守。明朝时期，运河的管理已具有流域管理的性质，各河段设有总漕、总兵等管理漕运。

到了清朝的时候，基本上沿袭了明朝的漕运管理体制。但是，河道的管理职责分配得更加精细，按照级别分为：河、道、厅、营等。清代总漕最初驻在通州，后改驻淮安。明清两代的河道管理部门雇佣了大量的工人从事各种劳务，明朝前期工人数目高达近五万人，一部分人负责修浚河道，一部分人负责保障漕船运行顺畅，权责明确，各司其责。由于服役人数众多，名目复杂，机构过于庞大，清朝对这一现象进行了整顿。康熙帝在位时期设立了河兵营，以士兵代替民夫，清朝中期的时候，具有了比较明确的服役人员数目和河兵数目，总额不及明朝的四分之一。

在京杭大运河的管理方面，各个管理机构对河道和航运加强了管理，这些

管理无疑对漕运的顺利进行起到了至关重要的作用。

河道的管理包括水源的管理、河道疏浚、堤防维护和闸坝管理等，这些方面的管理都直接关系到运河功能的发挥。首先，水源对运河运输的畅通至关重要，为控制水量，防止河水流失，历朝历代都十分重视对水闸的修建。同时，在各个时期都颁布了不同的法律来约束人们对水资源的使用，而且在一些重要的湖泊河流设立疆界。其次，在运河的疏浚和堤防维护方面，各个时期都有不同的政策。北宋的时候，每年维修一次。到了明清的时候，堤防的维护已经具体化为定期维修和常规维修两方面。而且，运河的维修和黄河堤坝的维修一样，实行准军事化的管理，沿河军卫各司其责。再次，为了控制水位和蓄水量，京杭大运河上建有许多闸坝，这些闸坝在维持运河正常漕运方面起着决定性的作用，对此还制定了一系列严格的启闭和维修制度。

航运在不同的时期还有不同的管理规定。秦朝的时候，漕运刚刚形成，主要是为战争服务。到了唐代，漕运逐渐成为封建王朝的生命线，当封建统治者认识到漕运的重要性之后，不断加强对漕运的管理，并制定了以“纲”为单位的运输配备。宋朝基本上沿用了唐代的政策，但是在当时发现的一些问题上做了新的规定，比如：可以吃船上的粮食，以减少运输时间；不准携带私人物资等。明清的时候开始对漕运的船只进行核定管理，漕船的数目和运粮官兵的数目是固定匹配的，且各时期有不同的变动。历代王朝还开创了一些漕运方法，这使漕运无论在距离上还是运量上都变得更加灵活。

随着清王朝的逐渐衰败，漕运也随之寿终正寝，但是漕运实行的千年时间里对于社会经济和文化来说是功不可没的。

四、风姿绰约的漕运城市

（一）运河沿岸城市的崛起和发展

漕运是中国古代主要的运输方式。漕运的主要载体——运河，对中国古代城市的形成和布局产生了极其重要的影响。运河的开通带动了人口的流动，给一些原本沉寂的城市带来了生机，催生出了一批新生的城市和繁荣的市集。其中，盛唐长安和洛阳的辉煌，宋都开封的繁荣，明清的北京和扬州的繁华都要归功于漕运。

运河的开凿为运河沿岸的城市提供了便利的交通条件，漕运的发展为沿岸的城市带来了丰富的物资和人口，为城市的发展提供了动力。中国早在五千年前就已经形成了城市的雏形，但是主要范围都是在黄河的中下游，所以，当时的城市大都分布在以黄河为中轴的北方和中原地区。随着隋朝大运河的开通，人们利用漕运把丰富的物资运到了南方的一些地区，在那里一些新兴的城市不断涌现出来，尤其是在一些水路交汇的地方，工业城市如雨后春笋般出现，如：扬州、苏州、杭州、宋州、汴州等等。到了元朝的时候，京杭大运河的开通，进一步加速了东部沿海地区城市的发展，从而影响了整个中国城市的格局。

北宋时期，农业和手工业都有了一定的进步，运河沿线的经济发展比较迅速，其中开封、杭州、扬州、苏州是这一时期繁荣城市的代表。元代京杭大运河的开通可谓是开辟了漕运的新纪元，由于通惠河、会通河、济州河的开凿，一批新兴的运河沿线城市悄然崛起。

漕运的畅通不仅带动了农业和工业的发展，同时也带动了商业和手工业的发展，进一步促进了运河沿线城市经济的发展。其中，大运河南端的杭州最具代表性。一些城市是从隋朝就开始兴起的，随着大运河的南北贯通和东南经济

的迅速发展，这些城市从最初的一个小城市一跃发展成为国内经济的大都会和国内外的通商口岸。宋朝的时候，江南地区的城市经济更加繁荣。到清乾隆年间，著名江南城市杭州一跃发展成为我国三大纺织中心之一。到了雍正乾隆年间，杭州成为全国著名的工商业大城市。

（二）繁华的江南地区

经济中心南移后，江南漕运城市的商品经济高度发展，江南地区逐渐繁华。

我国最早期的一批城市主要出现在黄河中下游地区，所以，在相当长的时期内，我国古代的经济中心一直在这一地区。随着生产力的发展、全国格局的变化和漕运的发展，中国的经济重心最终定在了江南地区。江南地区成为经济中心是有一定原因的。

江南是重要的粮食产区。唐朝时期，长江中下游平原及东南沿海地区的粮食产量就已经很高了，这些地区也因此成为了当时粮食与赋税的主要供给区。适宜的气候再加之先进的生产方式使江南的粮食产量逐年上升。江南地区的劳动人民总结了多年的生产经验，开创了双季稻、稻麦连作等新的农耕制度，大大提高了粮食的产量。为提高单位面积产量，江南地区的各县还十分注重良种的引进和培育。由于水稻种植是南方的主要耕种制度，因此，水利的兴修对农业生产的影响也很大。仅宋朝在长江中下游地区进行的水利建设就高达一千多次，可见封建政府对江南农业的重视程度非常高。到了元代，全国税粮超半数以上来自江南地区。漕粮数额的不断增长也使江南地区巩固了其经济中心的地位。

江南地区是重要的手工业生产基地。北宋以前，南方的手工业发展还不及北方。到了北宋时期，南方向朝廷进贡的纺织品占全国所有进贡纺织品的一半以上，南方纺织业的发展超过了北方。南宋时期，江南的丝织业逐渐发展起来。到了明清时期，江南已经成为丝织业的中心。江南的陶瓷业发展也极为迅速。元朝以前，陶瓷的生产中心主要在北方，到了元明清时期，陶瓷业生产的中心已经转为江南地区，一些瓷器

作坊享誉很高，最著名的景德镇瓷器至今仍在国内外极受欢迎。江南地区地处水乡，水网遍布，再加之一些城市与海为邻，因此造船业发展规模也很大。此外，江南地区的造纸、印刷、织染、晒盐、漆器加工等加工工业也在全国享有盛名。

江南地区人口众多。由于漕运的开展，各地区和各民族的人民大量涌入江南地区，经济的繁荣也吸引了大量的人口前来居住。因此，江南的人口数量一直很大。北宋后期，江南地区人口超过二十万的州郡多达三十几处。明清时期人口增长更快。江南地区在明朝时期人口超过了八百万，到清代人口最多的道光三十年（1850年）江南总人口就高达近四千万。

江南作为经济重心的地位一旦巩固，江南地区的繁荣势必成为一种必然。市镇数量的增加、专业化市场的形成与劳动力市场的发展均为江南的繁荣奠定了基础。整个江南呈现出一派繁华的景象。

由于市镇较多，江南地区在市镇的管理上也加大了力度。工商业发展程度较高的大型城市之内各种市政设施林立，甚至连郊区也有附属的市场和村落。

江南地区市镇的繁华还表现在市场的专业化发展水平上。到了南宋时期，工商业迅速发展，各市镇的专业化程度很高，如一些城镇是专门的商业镇，一些城镇是专门的农业镇，一些市镇是著名的盐业镇。市场分工的精细进一步促进了江南市场的成熟。此外，江南的桑蚕养殖业规模也十分盛大，为丝织业的发展提供了足够的物质基础，使江南地区成为经久不衰的丝织业中心。

江南地区从唐朝开始便是中国最为富庶的地区。从唐朝至明清的千年时间，江南一直以它丰饶的物产和手工业产品供养了一代又一代封建王朝。由于江南是漕粮的主要输出地，历朝政府也十分重视对江南地区的扶持。但是江南的富足必定是有限的，如果不进行休养生息而只是一味地索取势必会削弱经济的发展。封建统治者大肆地搜刮民脂民膏使江南人民的生活陷入了困境。

（三）河、海漕运的交通枢纽——天津

天津，原名直沽，亦称小直沽，是从元代至明清逐渐形成的，最终兴建于明代。天津是北方著名的漕运城市，江南漕粮北运，无论是通过内河还是经由海运，都要先抵至直沽然后再转至大都。

元代直沽的发展主要与海上运输关系密切。元初虽然也使用运河运输，但是由于直达元大都的运河没有开通，所以内河漕运必须兼以陆运或兼以海运才能到达直沽，因此，虽然海运危险重重，元代还是不断地开辟海上运输路线，并在海运方面取得了一定的成效。由于元代从海上漕运至北方的粮食都要先运至直沽，再转到大都，所以直沽作为海运的码头地位已经形成。仅在四十七年间，通过海运抵直沽再转运大都的粮食就有八千多万石。

天津地处大平原东部，东临渤海。从太行山和燕山流出的大河、小河加之北运河和南运河的水流，全部汇集到天津市区内，聚流为海河。正因为海河东流入渤海，所以天津不仅是海港城市，还是著名的海港。天然的河流汇集到市区内必会构成城市的一部分。明清时期就对海河的水系进行了一系列的改造。明朝在永乐年间于天津城东南隅建造了大闸，引海河水入护城河。乾隆年间又在马家口处修闸两座。水闸的修建对整个天津城来说无疑是十分必要的。一方面，水闸可以有效地控制进水量和出水量，从而保证了城区内水量的平稳。另一方面，水闸的修建也可以保证城市居民对淡水的需求。

天津是漕运的重地，为了适应水路运输的需要，在市区内也建立起渡口和桥梁。天津城内海河又深又阔，因此浮桥众多。除了浮桥之外，还建有木桥、石桥、铁桥等各种桥梁。至光绪年间，天津城内外建造起来的桥梁就有五十多座。这些桥梁不仅仅是漕运发展的产物，同时也是城市环境的重要组成部分，不仅改变了城市的格局和构造，还改善了城市经济与文化生活。

天津原是“海滨荒地”，但由于河漕和海漕的发展，这里逐渐发展成为人

口众多的城市。海上和内河的漕运不仅将南方的物资调入了天津，同时也带来了文化上的交流。由于以上种种原因，天津的人口结构较为复杂。明清时候天津的人口结构主要分为四类：占比重最大的是工商业者，多为船户、盐商等；次之是原来就居住在天津的居民；再者是缙绅（地方上有权势的人）；最少的是医户、僧道和乞丐。从永乐二年，到道光二十年的三百三十七年间，天津成为了北方大运河漕运、物质和文化的中心城市，至道光二十年，天津的人口高达二十多万。

受漕运的影响，天津不仅成为明清时期重要的漕运传输基地，还是当时的盐业中心、粮食中心和北方的商业中心。明朝初年，由于京杭大运河会通河段尚未通航，所以当时的漕运仍以海上的航线为主，海运的终点仍然是天津。等到会通河修复以后，明朝虽然弃用了元朝流传下来的海运之法，但山东到天津的海运并没有停止。到了清代，天津在漕运方面的职能进一步加强，嘉庆以前，漕粮年均为四百万石左右。在盐业发展上，天津早在元代便已经形成了盐场，最为著名和规模最大的盐业——长芦盐业使天津成为著名的盐业中心，为对长芦盐业进行管理，明清两代专门设立了长芦盐课监察院检查长芦盐政。由于盐税是封建国家重大收入的主要项目，为了方便天津盐业的发展，明清两朝还专门修筑了多条浮桥，专供盐业的运输。

此外，明清时期天津的粮食业、手工业和商业的发展也极为繁荣。经济的发展为市集的遍布提供了有利的条件。南来北往，客商如织，天津城内一片繁华。

（四）美轮美奂的苏州、扬州和杭州

扬州、杭州和苏州是江南最典型的漕运城市，漕运的发展促使这三个城市在经济文化上与外界的交流更加广泛。

漕运之所以促进扬州、杭州和苏州三个城市的飞速发展，首先是由三个城市与运河的地理位置决定的。

从春秋末期吴王夫差开沟到唐代，扬州至淮安的运河基本上是为政治军事

所用。但是，从唐代开始就起到了一定的漕运作用，刺激了扬州经济的发展，并且在运河附近的地方形成了商业聚集区。宋元两代的时候，运河的经营取得了超前的成就，扬州至淮安运河的经济作用逐渐突出。明清时期，南北大运河畅通，运河的经济作用空前增强，对促进扬州城市经济的繁荣起到了很大的作用。

苏州城市历史悠久，相传为春秋时代吴国的都城，秦汉隋唐的时候还一直沿用吴这个名字，到了隋文帝时期才改名为苏州。由于隋朝的时候开凿了江南大运河，从此，苏州就成为了南北运河与娄江的交汇处，具备了内河航运与海上交通的便利条件，这对苏州经济的发展起了重要的作用。苏州城市的位置在此后的发展过程中进一步稳定。苏州从唐宋到明清都有很详尽的水系记录，当时的苏州城内就已经形成了比较完整的城内水系，这对苏州城市的稳定起到了积极的作用。由此可见，漕运是苏州城市位置稳定和城市发展的重要因素。

杭州在北宋时期就有运河，但是没有得到人们的充分利用，居民生活困难，城市发展受阻。直到宋朝时期运河的治理为杭州的城市发展做出了重大的贡献。元末的时候，朝廷下令开凿了东运河，明清时期又继续利用了西湖和运河完善了杭州城内的水系。凭借运河这样便利的条件，杭州发展迅速。所以漕运对杭州的发展起到了至关重要的作用。

苏州、杭州和扬州是最典型的江南城市。漕运带动了城市的繁荣，也刺激了人口的增长。

明初的时候，扬州的当地人口比较少，人口组成多数是流动人口，但是到了嘉靖年间，这里形成了工商业区，工商业有了长足的发展，所以这个时期工商业者为主要人口。到了明清的时候，扬州城市人口从数量上来讲，工商业者在整个城市人口中的数量占第一位。同时，在明清时期，扬州的文化气息浓重，所以，文化人口仅次于工商业者。清朝嘉庆年间，扬州人口接近八万余人。

苏州的人口数量在明清以前并没有明确的数据。明清两代十分富庶，苏州在这样的条件下所形成的人口结构除了工商业者和文化人之外，就是一般的城市居民和官吏、兵士等。

“杭民多半商贾耳”这简短的

一句话比较真实地反映了杭州人口结构的一般状况。由于杭州是明清两代时期大运河南端的货物集散中心，商业发展迅速，商贾人口日益增多，较之其他人口商贾人口数量居多。明清两代的时候，杭州城市的丝织手工工厂不断发展，手工业者不断增加，逐渐发展成为一个庞大的城市手工业者队伍。除了上述商贾、手工业者之外，当地还有一定数量的文化人和缙绅。

在经济发展方面，扬州、苏州和杭州的经济发展方向不同，又各具特点。

扬州城市经济的发展主要取决于手工业和商业的发展。

明清时期，扬州的手工业主要分为三类：第一类是特种手工业，这类手工业一般与贫民无关，多用于对外贸易。第二类是适应文化发展，或保留古代文化需要的手工业。第三类是民间手工业（雕版印刷手工业为官营）。明清时代扬州最大的商业是盐业和南北货商业。扬州盐业，即两淮盐业。两淮盐业和扬州城市发展有关的就是住在扬州城内的盐商手中的钱，也就是两淮盐商手中掌握的商业资本。南北货商业是明清时期扬州城市的第二大商业。这是由于运河交通便利，扬州又处在南北要塞之地，是南北货物的集散中心，便于和城市居民的商业活动相结合，所以扬州城成为了繁华的商业中心。

苏州城市主要体现在手工业的发展和商业的发展两个方面。手工业主要分为丝织手工业和工艺美术手工业。由于邻近运河，漕运比较方便，便于手工业产品运送，所以当地的手工业蓬勃发展。其中，苏绣至今仍闻名于世。苏州地处大运河和娄江交汇处，内河航运和海上交通都很便利。凭借有利的运输条件，苏州的丝绸贸易得到了充分的发展。同时，粮食商业也成为了一项引人注目的商业。随着商业的发展，往来贸易的增多，苏州城内建立了很多会馆、公所，带动了城内经济的发展。

杭州经济无论是在手工业还是在商业方面的发展都比较迅速，并且都具有一定的规模。杭州经济的发展与东南沿海、运河沿岸城市工商业的发展有着密切的关系。总之，杭州及东南沿海各省的货物多从杭州运往北方，北方的货物也从杭州下船再分散到各处。杭州因此成为大运河南端货物集散中心。

随着经济的发展和人民文化水平的提高，漕运沿岸的苏杭和扬州的文化也蓬勃发展。哲学、文学和科学技术等方面也都有了长足的进步。

五、特色鲜明的漕运文化

黄河流域和长江流域不仅是漕运的主要干线，也是中华民族文明的两大摇篮。优越的地理环境和气候条件不仅养育了优秀的华夏子孙，还孕育了各具特色的灿烂文化。漕运的发展使南方和北方数不清的人流和物流交流不断，不同文化的交流与传播也在漕运的过程中不断进行着。漕运不仅是中华民族的物质给养，也是传播文化和民族间交流的重要渠道。

千年的历史长河流淌着中华民族的文明。千年的漕运史也散发着浓厚的文化气息。民族与文化之间的碰撞、融合和演进形成了特色鲜明的漕运文化。多姿多彩的民俗风情、丰富精美的饮食文化、精巧美观的艺术、经久不衰的音乐戏曲和朗朗上口的诗文相互交织，构成了一幅精美的画卷。

（一）多姿多彩的民俗风情

漕运不仅向各地运来了城市发展所必需的物资，它也将各处的文化在大范围内进行了传播，从而使各地间的文化得以交流发展。漕运不仅孕育了城市，还孕育了漕运沿岸特有的民俗风情。正如承载漕运的水一样，缘水而生的民俗风情也如一汪清新的泉水，滋养了漕运沿线一代又一代的人们。民族的融合与杂居使风格各异的民俗习惯相互碰撞，最终形成了多姿多彩的民俗风情。

漕运应水而生。提到水，人们便会不自主地联想到鱼和船。由于漕运沿线多为渔民居住，为博得一个好彩头，渔民的民俗风情之中必定少不了鱼和船。

一般在捕鱼之前，渔民会备好打鱼所必须的渔船和渔具等物品，参加捕鱼活动的渔户会聚集在一起会餐，以预祝此次出行能够满载而归。捕鱼归来，渔民在售鱼的时候往往会在船头用草杆挑起一件衣服以示有鱼出售。买家则会在船头放一个底

朝下的空篮子表示要买鱼。渔民傍水而居，以鱼为食，日常的经济来源也都是依靠打鱼。为图吉利，渔民往往会避免使用一些与“翻”同音的字。如帆船就被称为“蓬船”，吃鱼吃掉一半后要翻转过来绝不能说“翻过来”，要说“转过来”或“滑过来”。

渔船是渔民捕渔时必不可少的工具，有些渔民甚至以船为家，于是关于船的习俗也有很多。新船在使用之前往往要举行一个隆重的下水仪式。渔船在出售时想要出售渔船的船家往往不会打出出售的字眼，而是在船头立一根草杆，杆顶编一个草圈。此时，欲购买渔船的买家便会明白船家这是要出售渔船了。

除了有关鱼和船的风俗，漕运沿线的地区还庆祝一些与水和漕运有关的节日。如通州、天津、无锡等地至今仍保留着中元节放河灯的习俗。在通州，每年的四月十五日这天都会庆祝“开漕节”。这一节日原是由政府主持的祭祀河神的仪式。由于节日热闹非凡，渔家逐渐将其保留，最终成为了民间的节日。

由于与水相关，人们在漕运的过程中往往会遇到一些灾难。正所谓“水能载舟，亦能覆舟”。人们想要消除灾难、消除对水的恐惧却没有办法的时候，往往就会赋予这种愿望以精神的寄托。如祭祀河神、祭祀龙王等活动都是人们缘水而生的信仰。为了方便这些祭祀活动，官府和民间在漕运沿线修建了许多河神庙。渐渐地，这种祭祀活动也演化为人们繁重劳动之后的一种娱乐活动。

漕运不仅贯通了我国的五大水系，它还跨越了我国不同的风俗文化区。各地区文化交往的频繁使各地的民风也发生了变化。

漕运带来了商品经济的繁荣，为人们带来了丰厚的回报。因此，漕运地区的人们往往受到商业利益的驱使，对商业的看法也发生了根本性的改变。古时中国本是“重农抑商”的国家，但在漕运沿线地区却掀起了崇商的风气。漕运使沿线城市的经济飞速发展。漕运沿线城市富商绅豪集聚。这些富商和绅豪奢靡成风，间接地推动了社会上的奢靡之气。

中国自古就是崇文尚武的国度。漕运使镖行盛行。镖行的盛行激发了漕运沿岸人们的习武之气，男女老少皆习武，为武术的发展提供了良好的人文环境。许多地区还成为了远近闻名的武术之乡。南北的交流使北方的文化不断传播到

江南，带动了江南习文之风，儒学盛行。江南地区每年考取的状元不计其数，这更为江南人民平添了习文弄墨的雅兴。

（二）丰富精美的饮食文化

漕运所经地区不仅地理条件与人文环境不同，各自的饮食文化也不尽相同。随着漕运活动的开展，南北之间的交流日益频繁，南北方特有的饮食习惯也得以相互交流。除了传统的地方美食外，在南北饮食交流过程中，人们还不断推陈出新，从而造就了漕运沿线丰富精美的饮食文化。

漕运沿线物产丰饶，几乎每处都有独具一方特色的招牌美食。除了各地丰富精美的小吃，漕运还促进了菜系的发展，最为著名的要数中国四大菜系中的鲁菜和淮扬菜了。

山东简称“鲁”。由此我们不难看出，鲁菜是山东地区的特色菜。山东地处温带，适宜的气候孕育了种类繁多的水果和蔬菜。山东境内湖泊和河流较多，三面邻海，因此鱼、虾等海产品丰富。鱼虾鲜蔬为美食的烹饪提供了足够的物质基础。漕运开展以后，随着运河的开凿，山东的饮食被分为胶东风味和济南风味。

胶东由于地理位置近海，因此以烹制海鲜见长。济南风味则以汤见长，味道清香鲜嫩，素有“一菜一味，百菜不重”之称。

漕运不仅改变了江南地区的格局，江南的许多城市也逐渐发展繁荣起来。城市的繁荣无疑会使人们的生活水平提高，对饮食也更为讲究。扬州和淮安一带便逐渐形成了精美的南方饮食文化——淮扬菜系。明清以前，扬州和淮安各有自己的体系。到了明清时期，淮菜和扬菜开始相互渗透、逐渐融合，并融南北风味于一炉，最终形成了享誉盛名的淮扬菜。淮菜选料严谨、制作精细、讲究刀工、追求本味，多以水产为料，味道追求清鲜平和。明清时期，扬州与淮安一带官商众多，文人墨客汇集至此，从而促进了淮扬菜系的繁盛。

除了精美的饮食文化，漕运还将江南的好酒和好茶运输到全国各个地区，从而促进了酒文化和茶文化的发展和传播。饮酒作诗、饮茶品茗成为社会风尚。

（三）精巧美观的艺术

漕运沿线地区城市商业发达，南北间的贸易往来频繁，促进了工艺美术的发展。在众多的工艺美术中，最为著名的要数书画艺术、建筑艺术。

漕运有如一条河流，成为南北的书画美术艺术的纽带，为后世留下了许多不朽之作。

隋唐时期是继魏晋南北朝时期之后我国书画发展史上的又一重要时期。这一时期运河地区最为著名的书法家有虞世南、褚遂良和张旭等。著名的画家有擅长人物画的郑法士和以山水画见长的张璪等。到了宋朝时期，成就最高、最为著名的书画大师是米芾，他善行、草，与苏轼、黄庭坚和蔡襄四人被合称为“宋四家”。除米芾以外，宋朝运河地区的著名画家还有宫廷画家刘松年、擅长山水画的夏圭、米芾的长子米友任等。元朝时期运河地区最著名的书画大师就要数赵孟頫了。

明清时期，漕运沿线地区出现了更多的书画名家和名作。影响较为重大的流派主要有“吴门画派”和“扬州画派”。

“吴门画派”又称吴门四家或明四家，主要由沈周、文征明、唐寅、仇英四人组成，他们在书画艺术上独具风格，开创了一代新风，流传下来的传世之作有《庐山高图》（沈周）、《江南春》（文征明）、《秋风纨扇图》（唐寅）和《兰亭修图》（仇英）等。

“扬州画派”是指久居扬州以卖画为生的职业画家，由于这一画派是由金农、黄慎、郑燮、李鳝、李方膺、汪士慎、高翔、罗聘等八人组成，又有“扬州八怪”之称。这八位画家作画时喜欢打破常规，推陈出新，因此在画坛上独树一帜。由于这派画家的画清丽脱俗，因而受到扬州新兴的工商士人的推崇。

漕运的发展繁荣了商品经济，市井文化逐渐繁荣起来。出现了许多反映运河市井风情的画作。此外，漕运的发展还带动了民间绘画和雕刻艺术的发展，流传下来许多极具文化价值的民间艺术。

作为一座桥梁，漕运不仅在经济和文化上沟通了南北，促进了信息的传递与人口的流动，还发展了意蕴隽永的建筑艺术。

北京是北方漕运城市的代表。由于是几代的都城所在，北京的建筑风格多以宫殿为主。最为著名的故宫地处威严的北京城，占地面积很广，宫殿内房间众多。宫殿内外所用楠木支柱和金砖、青砖等其他的一些建筑材料都是经由漕运路线由各地运到北京城的。因此，北京也被称为“漂来的北京城”。

除了封建帝王居住的寝宫，历代帝王在巡游江南的时候还在各处修建临行宫。这些宫殿也是金碧辉煌、雕梁画栋、极尽奢侈。

南北方的园林艺术也是古代遗留下来的最宝贵的文化遗产。北京的园林艺术多以气势宏伟、规模宏大的皇家园林著称，奢华中透着严肃与尊贵。著名的颐和园是北京现存最完整的皇家园林。颐和园集中了全国园林艺术的精华，这里有湖有山，景色如画。江南的园林则如小家碧玉一般精雕细琢，颇具江南婉约的风格。精巧玲珑的苏州园林虽然在面积上要远远小于北京的园林，但是在布景、结构和层次上却独具匠心，给人以置身画中的感觉。

有河流的地方必定会有桥梁。漕运经过运河无数，从南到北大大小小的桥梁也在漕运的历史上扮演着重要的角色。

桥梁具有方便河两岸人民通行的作用。除了沟通的作用，桥梁还具有工艺美术价值。仅我国著名的园林城市苏州城内就有大大小小的古桥十多座。其中最著名的要数大运河最南端的拱宸桥。拱宸桥长98米，宽5.9米，桥面呈弧形，南北有台阶，是京杭大运河上仅存的古桥之一。它不仅是古时迎接帝王的大门，也是古运河的终点。至今，在这座朴实无华的桥下无数的船只仍在不断地穿梭着，宛如古时浩荡的漕船穿梭在历史的长河之中。

（四）经久不衰的音乐戏曲

从开始到兴盛，再到衰败，历经千年的漕运文化，对中国古代音乐戏曲的繁荣昌盛、南北戏

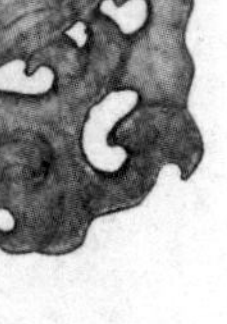

曲文化的交流与传播起到了不可忽视的作用。从流传至今的一些文化戏曲之中，我们不难领略到运河和漕运文化独特的文化底蕴和经久不衰的文化魅力。

提到运河、漕运和戏曲，人们最先想到的一定是船工和纤夫们的号子。大运河的号子，属于民歌的一种特殊体裁，它是常年生活、工作在运河之上的河工船夫们口头创作的，与生产和劳动密切相关。船歌号子完全来自于生活，具有协调与指挥的作用，同时也可以缓解船工们漫长行船生活的清苦、单调。河工们唱喊的号子主要起到两方面的作用：一方面，起着鼓舞精神，调节心情，组织和指挥集体劳动的作用；另一方面，也表现出一定的艺术价值。

除了从劳动中诞生的“号子”之外，在明清时期，运河地区的民间曲艺同样也是丰富多彩的，这与漕运沿线城市的兴盛有着十分密切的关系，可谓是“沿河漂流的曲艺”。这个时期的曲艺形式多样，内容丰富，且较多被保留了下来，北京相声、山东大鼓、江苏徐州琴书、扬州评话、清曲等等延续至今。明清时期运河沿岸的曲艺发展之所以较好，是因为地处运河的市镇交通便利，人口流动比较频繁，各地的艺人都汇聚于此，南北曲艺有机会交融，这些都为民间曲艺的生存和发展创造了良好的条件。

提到中国戏曲的发展，人们很自然地就会联想到漕运所起到的作用和做出的贡献。唐宋时期利用漕运的兴盛使商品经济大力发展，从而带动了沿岸市民文艺的发展，促进了戏曲的最终形成。漕运河流也为戏曲的广泛传播和不断发展创造了便利的条件。在宋朝以前，古代的戏曲基本只处于萌芽状态，到了宋代，戏曲首先在运河城市繁荣发展起来。金元时期，杂剧在中国的戏曲史和文学史上获得了不朽的地位。元代后，杂剧进一步发展到以杭州为中心的江浙地区。明清时期，昆曲的北上传播和“四大徽班进京”，促进了京剧的形成。在这些戏曲南北交流与传播的过程中，漕运起到的作用是不可忽视的。

（五）朗朗上口的诗文

漕运沿岸发达的经济与便利的交通带来了文化的繁荣，所以，出现了很多

咏叹运河历史、描绘运河风情的诗文。

漕运沿线之上，历代文人频繁往来，饱览名胜风光，体察风土人情，写下了大量与运河相关的诗文，使人们充分领略到了千百年以来漕运的历史变迁和文化风采。历代与漕运相关的诗文，有咏叹运河历史的诗句，有描绘运河风土人情的词曲，还有记载运河开凿史实的诗词，多如繁星，不胜枚举。

唐朝诗人皮日休的一首《汴河怀古》：“尽道隋亡为此河，至今千里赖通波。若无水殿龙舟事，共禹论功不较多。”就从客观上赞扬了隋朝大运河的历史作用。白居易的《长相思》：“汴水流，泗水流，流到瓜洲古渡头。吴山点点愁。思悠悠，恨悠悠，恨到归时方始休。明月人倚楼。”借运河水流道出了相思之情。而隋炀帝时的《挽舟者歌》中：“我兄征辽东，饿死青山下。今我挽龙舟，又困隋堤道。”不仅刻画出了民工修筑运河的艰辛，也记录下了官府奴役下人民生活的艰辛。

漕运孕育了无数的诗文，这些诗文无论是缠绵婉转的，还是闲雅幽远的；无论是慷慨激昂的，还是沉郁顿挫的，都是后人取之不尽、用之不竭的文化瑰宝。以漕为诗，容量虽小，却记录了漕运千年的发展；以漕为诗，诗文虽短，却道尽了历代王朝的兴衰。

海上丝绸之路

中国素称丝绸之国。自古以来，中国人民通过海上和陆路，与世界上许多国家建立了联系，开展经济、贸易、文化等领域的交往与合作。海上丝绸之路记载了我们中华民族的文明，记载了中国同世界其他国家的友好往来，这条海上丝绸之路是连接我国与亚非各国的纽带，这是一条友好之路、文明之路，为世界文明的交流和发展作出了不可磨灭的贡献，它是我们民族的骄傲。

一、丝绸之路的兴衰

中国素称丝绸之国。自古以来，中国人通过海上和陆路，与世界上许多国家建立了联系，开展经济、贸易、文化等领域的交往与合作。提起丝绸之路，人们自然会想起张骞通西域后，那条自长安经河西走廊、今新疆、伊朗和两河流域直抵欧洲的东西贸易通道。如说到海上丝绸之路，听起来可能有些陌生，却又似曾相识。但玉米、白薯等，就是经海上丝绸之路从国外引进来的品种。在历史上，海上丝绸之路曾经是东西方交往的重要通道，它是一条沟通人类物质文明和精神文明的通道。

海上丝绸之路东起中国的广州、泉州、扬州等沿海港口，途经东南亚，过马六甲海峡，到达天竺，越印度洋、阿拉伯海，最后到达大食。这条重要通道的开辟，不是一朝一代之功。它始于秦汉，之后随着造船技术和航海技术的不断提高，中国与西方的海上贸易也日益繁荣，逐渐开辟出一条与西方进行贸易的海上丝绸之路。

海上丝绸之路记载了我们中华民族的文明，记载了中国同世界其他国家的友好往来，这条海上丝绸之路是连接我国与亚非各国的纽带，这是一条友好之路、文明之路。海上丝绸之路为世界文明的交流和发展作出了不可磨灭的贡献，它是我们民族的骄傲。今天世界各国人民依然怀念它，联合国教科文组织也非常重视，不远万里来到中国，发起了海上丝绸之路考察活动。

（一）丝绸之路及其由陆路向海上的转移

中国文明与欧、亚、非三大洲的古代文明很早就开始接触，相互影响，相互交流，但这些古文明之间的交往路线一直没有概括性的名称。1877 年，德国地理学家李希霍芬在他的名著《中国》一书中首次提出“丝绸之路”这一名称。他对丝绸之路的经典定义是：“从公元前 114 年到 127 年间，连接

中国与河中（指中亚阿姆河与锡尔河之间）以及中国与印度，以丝绸之路贸易为媒介的西域交通路线。”这个名称很快得到东西方众多学者的认同。他之所以把丝绸之路的开通定在西汉使者张骞两次出使西域之后，是因为张骞说他访问中亚诸国时“其地皆无漆丝”，所以他特别强调张骞通西域的重要性。1910年，德国史学家赫尔曼从文献角度重新考虑丝绸之路的概念，并在他的《中国和叙利亚之间的古代丝绸之路》一书中提道：“我们应该把这个名称的含义延伸到通往遥远西方的叙利亚的道路上。”他把丝绸之路的西端定在叙利亚，则是因为张骞通西域不久，中国丝绸就沿丝绸之路运到了罗马帝国境内。因此，赫尔曼提出丝绸之路上的文化交流不限于中国与中亚和印度之间，还存在于中国与罗马之间。

通过对丝绸之路的不断研究，大量的考古发现极大地开阔了人们的视野。今天，我们对丝绸之路的认识要比李希霍芬时代深入得多，《中国大百科全书》是这样解释“丝绸之路”的：“中国古代经中亚通往南亚、西亚以及欧洲、北非的陆上贸易通道。因大量中国丝和丝织品多经此路西运，故称丝绸之路，简称丝路。”

丝绸之路犹如一条彩带，将古代亚洲、欧洲、非洲的古文明联系在了一起，促进了东西方文明的交流。在绵延的丝绸之路古道上，遗留下了大量的文明古迹，它传达给人们的却是超越国界和民族差异的精神共鸣。但是随着时间的流逝，陆路的丝绸之路逐渐衰落，与此同时，海上丝绸之路逐渐开始显示出它的重要地位。

19世纪一位德国学者在《中国亲程旅行记》中，描写了中国经西域到希腊、罗马的交通路线，首次在一张地图中提到了“海上丝绸之路”。其后法国汉学家沙畹在《西突厥史料》中具体提到：“丝路有陆、海二道，北道出康居，南道为通印度诸港之海道。”由此得出“海上丝绸之路”之名。与陆上丝绸之路一样，海上丝绸之路也是中外贸易通道，但后者自秦汉形成一直沿用整个中国古代社会，在这两千多年的中外贸易历史中，中国的主要输出品有时是丝绸，

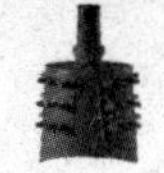

有时是瓷器或其他商品；而外国的贸易商品更是五花八门，因此有的学者也称之为瓷器之路或皮货之路、丝香之路等等。既然丝绸之路的称谓已约定俗成，也就称海上丝绸之路。在隋唐以前，海上丝绸之路只是陆上丝绸之路的一种补充形式。到隋唐时期，由于西域战火不断，陆上丝绸之路被战争所阻断，代之而兴的便是海上丝绸之路。到唐宋代，伴随着我国造船、航海技术的发展，我国通往东南亚、马六甲海峡、印度洋、红海，及至非洲大陆的航路纷纷开通与延伸，海上丝绸之路终于替代了陆上丝绸之路，成为我国对外交往的主要通道。陆上丝绸之路到了唐朝中后期就开始衰落，除了因为唐朝中期“安史之乱”的影响外，还有其自身难以克服的致命弱点：

首先，陆上丝绸之路只能通达毗连邻国，再向远运便要穿过一些国家，如果其中有一个国家发生了变乱，或有任何一个国家为垄断丝绸贸易而操纵了这条通道，就会影响全线的畅通。而这样的变故或因战乱而使丝绸之路中断的情况，在历史上是屡见不鲜的。

其次，陆上丝绸之路位于我国西北，地处内陆，只能向西运输商品，而我国传统的外销商品，如丝绸、瓷器、茶叶等的产区都在东南沿海。陆上西运，既不经济，又不方便。何况，对于环太平洋各国，陆上丝绸之路是无法到达的。

再次，陆上丝绸之路的自然条件十分恶劣，要越过葱岭和戈壁沙漠，风沙弥漫，行程艰巨，又只能以骆驼运输，运输量有限，而且耗时久、运费高。

最后，随着商品生产和商业活动的发展，商品外运与日俱增，尤其像瓷器这种较重且容易损坏的商品，陆路运输就难以承担。因此，陆上丝绸之路已不能适应日益繁荣的商品经济和商品运输发展的需要，这是陆路运输转向海路的关键因素。

而上述陆上丝绸之路的这些致命弱点，恰好是海上丝绸之路的优点。我国东南沿海有一万八千多公里的海岸线，有许多终年不冻的良港和海港城市。陆路能够到达的国家，海路大都可以到达。陆路不能到达的许多海岛，海路也能到达。海路也不像陆路那样容易受别国的牵制，可以自由通航，越过那些发生变乱或操纵丝绸之路的国家。另

外，我国东南沿海是外销丝绸、瓷器、茶叶的生产基地，又是造船、航海最发达的地区。就运输量而言，商船也比骆驼之类的运输工具不知要大多少倍，而且运费低廉，安全可靠。以上这些都显示出海上丝绸之路的巨大优越性。而且在唐朝中期以后，随着科学技术的发展，航海和造船技术已经大大提高，人们征服海洋的能力已经大大增强了，为海上丝绸之路的兴起创造了必要条件和可靠保证。

正是因为以上这些原因，海上丝绸之路从此日益兴盛，同陆上丝绸之路的日益凋敝形成了鲜明的对照，到唐代中期达到高峰。

（二）海上丝绸之路的起点与隋唐时期的四大港口

从海上丝绸之路发展的历史来看，它比陆上丝绸之路发展的历史还要悠久。我国原始航海活动可以追溯到新石器时期。但是海上丝绸之路的开拓则始于秦汉，发展于三国隋朝时期，兴于唐宋，转变于明清时期，是已知的最为古老的海上航线，主要以南海为中心，起点主要是泉州、广州，所以又称南海丝绸之路。海上丝绸之路是古代海道交通大动脉。自汉朝开始，中国与马来半岛就已有接触，尤其是唐代之后，来往更加密切，作为往来的途径，最方便的当然是航海，而中西贸易也利用此航道作交易之道，这就是我们所称的海上丝绸之路。海上通道在隋唐时运送的大宗货物主要是丝绸，所以大家都把这条连接东西方的海道叫做海上丝绸之路。到了宋元时期，瓷器渐渐成为主要的出口货物，因此，人们也把它叫作“海上陶瓷之路”。同时，还由于输入的商品历来主要是香料，因此也把它叫作“海上香料之路”。

海上丝绸之路主要有东海起航线和南海起航线两条主线路。东海起航线始自周武王灭纣，建立周王朝（前1112年）时，他封箕子到朝鲜，从山东半岛的渤海湾海港出发，到达朝鲜，教其民田蚕织作。中国的养蚕、缫丝、织绸技术由此通过黄海最早传到了朝鲜。秦始皇（前221年）兵吞六国时，齐、燕、赵

等国人民为逃避苦役而携带蚕种和随身养蚕技术不断泛海赴朝，更加速了丝织业在朝鲜的传播。南海起航线是古代中国与外国交通贸易和文化交往的海上通道，是唐宋以后中外交流的主要通道，以南海为中心，起点主要是广州、泉州，所以称南海丝绸之路。

海上丝绸之路的主港，历代有所变迁。从 3 世纪 30 年代起，广州取代徐闻、合浦成为主港，宋末至元代时，泉州超越广州，与埃及的亚历山大港并称为“世界第一大港”。明初海禁，加之战乱影响，泉州港逐渐衰落，漳州月港兴起。清代闭关锁国，广州长时间处于“一口通商”局面。

在海上丝绸之路发展的过程中，在唐宋时期逐渐形成了比较繁华的广州、泉州、杭州、明州（今宁波）等四大港口，在历史上起着重大的作用，占有重要的历史地位，直到今天仍然是著名的港口。

1. 广州

广州是唐朝最大的对外贸易港口，唐末曾经遭到战乱的破坏，但不久就恢复旧观。北宋时期，广州仍然是全国最大的外贸港口。11 世纪七八十年代，明、杭、广三市舶司博买乳香，共 354449 斤，其中广州收到 348672 斤，占总数的 98%，可见广州在当时全国外贸中占据着举足轻重的地位。南宋广州贸易仍然繁盛，“宝货钱物浩瀚”，“收课倍于他路”。每年都有来自占城、真腊、三佛齐等国的数十艘海外商船，把大量海外珍物——例如犀、象、珠、香、琉璃，源源不断地输入广州。

宋元时期，大量阿拉伯人、波斯人、印度人以及南海诸国商客进出或居留广州，使这个南部港口充满着异国情调，文化氛围与内地大不相同。美国著名中世纪专家汤普逊在其著作中提到，在 9—12 世纪的将近四百年中，中国广州的“阿拉伯殖民地”（蕃坊）和中国人间的政治关系，除了 9 世纪末一度微有裂痕外，其余时间保持着和睦状态。

宋末，宋元双方在广南进行激烈争夺，广州对外贸易受到重创。元中期以后，广州贸易逐渐恢复。大德年间（1297—1307 年），广州与世界上一百四十多个国家和地区有贸易往来，宣称是一个比威尼斯大三倍的城市，船舶数量极其庞大，“整个意大利都没有

这一个城的船舶多”。元末，摩洛哥旅行家伊本·白图泰到中国游历，认为广州是“一大城市”，街市美观，最大的是瓷器市，由此运往中国各地和印度、也门。

2. 泉州

五代时期，在闽国统治集团经营下，福建经济有了长足进展，泉州成为东南沿海一个重要港口。北宋中期，泉州贸易越来越旺盛，尤其在对高丽的贸易中占相当大比重。

由于福建没有设置市舶司，泉州船舶出海，须先到广州市舶司呈报，领取公凭，方准出海，回来时也必须到广州市舶司抽解，否则货物将被没收。如此周折，对福建的对外贸易颇为不利。直到 1087 年，宋朝终于在泉州设置市舶司。北宋末年，官府在泉州设置远驿，专门接待来华外国使节。一些外国商人，聚居泉州城南一带，形成“蕃人巷”。

南宋时期国都南迁临安（今浙江杭州），泉州与政治中心的距离拉近了。大批宗室贵族的进入，大大增加了地区消费需求与消费能力，对泉州商业贸易有刺激作用。他们也是商业贸易的积极参与者和推动者。泉州因天时地利，对外贸易迅速发展，舶货充盈，号称“富州”。13 世纪初，与泉州有贸易关系的国家和地区有三十多个，很快又增加到五十多个。

南宋末年，广州的西域人后裔蒲开宗移居泉州，其子蒲寿庚、蒲寿晟平海贼有功，曾任提举泉州市舶司，掌管泉州的对外船务和贸易长达 30 年之久。1276 年，蒲氏降元，得到朝廷特殊关照，泉州贸易继续保持着平稳发展势头。

在元代，泉州是全国最重要的港口。马可·波罗说，印度所有船舶运载的香料及其他贵重货物，都运到这个港口，商货、宝石、珍珠输入之多竟至不可思议。他估计，从埃及的亚历山大或其他港口运载一船胡椒到欧洲各国，同时必有百余艘船至泉州。

元末，摩洛哥人伊本·白图泰来泉州，也曾“看到港内停有大艟克（一种能运载上千人的大船）约百艘，小船多得无数”，他因而认为泉州是“世界大港之一，甚至是最大的港口”。

3. 杭州

江南是中古时期中国的经济重心。唐代杭州虽不及苏州，但作为东南交通枢纽，钱塘江口的海舶可以通行无阻，贸易繁盛，经济地位不断上升。后来吴越国统治浙江时期，保境安民，经济得以持续发展，特别是与日本、高丽之间的外交、商贸联系有了较大发展。

北宋时期，杭州作为浙江首府，经济发达，风景优美，号称“东南第一州”“地上天宫”。宋朝在杭州设置两浙市舶司，管理浙江贸易。南渡以后，杭州成为首都，聚集了庞大的人口，都城及其附近九县的人口超过 124 万。马可·波罗在他的游记中把杭州称为世界上最美丽华贵的“天城”。

14 世纪 20 年代，意大利旅行家鄂多立克到中国游历，认为杭州是“世界上最大的城市”，“四周足有百英里，其中无寸地不住满人”。

随着海外贸易的兴盛，距离杭州城东 25 里的澉浦镇发展成为蕃舶会聚之处，商业贸易成为该地经济的主体。直至元代，澉浦仍然是一个对外通商的要冲，远通诸蕃，近通福广，官府在那里设置了市舶司，管理海外贸易。

4. 明州

明州即今天的宁波，地处东海之滨，有甬江、姚江通杭州。五代时吴越对日本、高丽的商人使节往来，固定从明州进出。北宋在明州置市舶司，还设有来远亭（一名来安亭）、波斯馆、高丽馆等，为招待外商之处。

明州海外贸易主要面对日本、高丽贸易，与东南亚、阿拉伯诸国也有往来。鄂多立克称明州的船多得“难以置信”，恐怕比世界上任何地方都要多。

二、海上丝绸之路的发展

海上丝绸之路从古至今，随着航海技术和造船技术的发展而不断发展。起先是陆上丝绸之路的辅助，但是后来到了隋唐时期，尤其是唐代中期以后，海上丝绸之路逐渐扶摇而上取代了陆上丝绸之路的地位，在中国历史上起着重要作用。

（一）先秦时期海上丝绸之路的状况

据我国古代文献记载，我们的祖先很早就已发明了船。古书《世本》中记载："古者观落叶因以为舟。"《淮南子》中则认为："见寂木浮而为舟。"由此可知人们最早从落叶或枯木浮于水面，受到启发而发明造船术。

先秦和越国时期岭南地区海上交往为海上丝绸之路的形成奠定了基础。早在距今六千年前，岭南先民已经利用独木舟在近海活动。距今5000—3000年前，东江北岸近百公里的惠阳平原，已经形成以陶瓷为纽带的贸易交往圈，并通过水路将其影响扩大到沿海和海外岛屿。

春秋战国时沿海地区航海活动日益频繁，位于海边的齐、吴、越等国往往利用自己的海上优势，相互进行海战。位于钱塘江口的越国"以舟为车，以楫为马，往各飘然，去则难从"。《禹贡》成书于战国末期，它记载了我国远古时代最早的海上航路。这条航路从北方的河水入海口和济水入海口，环绕今山东半岛向南，以达淮水入海口和江水入海口，从而构成了一条相当完整的海上交通线。向北可以航海通向东北方面今辽东半岛一带；向南可以航海通向今浙江、福建一带，这是我国航海史上最早的一页。

从战国末年即公元前3世纪的《礼记》和《吕氏春秋》中所记风的分类来看，在公元前3世纪以前我国航海者已能利用季风来进行海上航行。这比西方

传说中的希巴洛斯和公元前1世纪的埃及商船认识季风都要早两个多世纪。

早在商末周初，曾封箕子于朝鲜。随后迁徙去朝鲜的人员日益增多。早期与朝鲜半岛的交往，主要是从山东半岛沿着渤海海峡中的庙岛群岛与辽宁南岸航行到达朝鲜。再顺着朝鲜半岛沿岸便可驶达朝鲜半岛的南部与东南部了。到战国时，《山海经》中记："东海之内，北海之隅，有国名曰朝鲜。"可见当时对朝鲜已颇为了解，并把朝鲜、日本视作属于燕的势力范围。近年在朝鲜半岛南部多次发现具有我国战国时期文物特色的铜剑等实物出土，正是说明当时相互交往的密切。

至于与日本的交往，最早是从朝鲜半岛南岸，靠对马暖流与间宫寒流在日本海南部交汇而成的左旋海流为动力，这种自然漂流的航路只是单向的，很少有人从日本冒险逆向来中国。当时的航路可能是从朝鲜半岛南端越海，中经对马、远瀛（今冲之岛）、中瀛（今大岛），到达筑前胸形（今北九州宗像）的横渡朝鲜海峡的航路，在《日本书纪》中称之为"北海道中"或"道中"航路。在日本备后国三原町附近发现有我国战国时期的铜剑和燕国的明刀钱、安阳布等；在日本本州岛西岸的山阴、北陆地区发现不少与我国先秦时期古钟相类似的祭祀器具；在北九州沿海地区发现具有中国特色的铜剑等遗物。这些文物的出土，正是当时中日交往的实物见证，中国移民到了日本，带去了先进的金属文化与水稻栽培技术，使日本开始从原始的渔猎生活的绳文文化向使用金属工具和进行水稻种植的弥生文化飞跃发展。

通过对海船和出土陶器，以及有肩有段石器、铜鼓和铜钺的分布区域的研究得知，先秦时期的岭南先民已经穿梭于南中国海乃至南太平洋沿岸及其岛屿，其文化间接影响到印度洋沿岸及其岛屿。

对出土遗物的研究表明，南越国已能制造25—30吨的木楼船，并与海外有了一定的交往。

南越国的输出品主要包括：漆器、丝织品、陶器和青铜器。南越国的输入品包括古文献所列举的"珠玑、犀（牛）、玳瑁、果、布之凑"。主要的贸易港口有番禺（今广州）和徐闻。

（二）秦汉时期海上丝绸之路的萌芽

秦汉时期，我国政治统一、经济发展，为海外贸易奠定了基础。秦始皇统一六国后，发兵经略岭南，就是为了得到越之犀角、象牙、翡翠、珠玑，只是当时南海贸易及航线的详情还不太清楚。但是那时已经有秦始皇为寻找长生不老之药，派方士徐福出海寻药的故事。

我国古代文献中关于南海、印度洋上的航路第一个较为完整的记录见于《汉书·地理志》。这是因为在西汉武帝时，国力强盛，经济富庶，曾两次派张骞出使西域，将我国的丝绸带到了西方，远达地中海东部一带，开辟了横跨欧洲大陆的陆上丝绸之路，扩大了汉王朝的声威和影响。由于陆路交通易受匈奴等部族的阻碍，汉武帝开拓了南海的对外交通与贸易活动，从而开辟了海上丝绸之路。

《汉书·地理志》记载，汉武帝派遣译长（属黄门的中官）率载货的船舶从日南（今越南顺化灵江口）、合浦郡的徐闻县（今广东湛江徐闻县）出发，航行五个月即可到达都元国（今马来半岛东南部或苏门答腊岛西北部的八昔河附近），再继续航行四个月，可先后抵达邑卢没国（今缅甸南部锡唐河入海口附近的勃固一带），又行二十余日，到谌离国（今缅甸伊洛瓦底江沿岸），然后弃舟步行十余日可到达夫甘都卢国（今缅甸伊洛瓦底江中游东岸蒲甘城附近），从此处再乘船航行二月余，最后到达黄支国（今印度半岛东岸马德拉斯附近）。回程从黄支国起始，利用季风，先到南边的已程不国（今斯里兰卡），继续航行可抵达中途的皮宗（今马来半岛克拉地峡的帕克强河口），过皮宗后，转向东北航行回国。沿途用带去的黄金、杂缯（即各种丝绸织物）等，向那些国家交换明珠和其他珍奇异物，一路受到沿途各国的热情接待，有时还有当地海船护送。由此可见这条航线，是我国开辟最早的一条远洋航线，已经到达了印度洋孟加拉湾附近，主要以商品贸易为主。这标志着我国古代对外贸易的海上“丝绸之路”的开辟，一直沿续到南朝未有改变。南朝著名高僧法显就乘船走这条航线由斯

里兰卡和印度回国，在他的著作《佛国记》中曾有记载。

就在西汉王朝统一中国时，西方罗马人也统一了意大利半岛，建立了强大的罗马帝国（汉时称大秦）。东西方两大帝国间，在中亚地区有大月氏和安息两大国相隔，所以中国丝绸虽已从陆上丝绸之路远销到罗马，但两国间无法直销，其间由安息商人进行转销，牟取暴利。汉武帝开辟海上丝绸之路的主要目的就是为了从海上经由印度沟通与罗马的贸易往来。由于当时航海技术和条件所限，中国西汉船队到了印度东海岸和斯里兰卡等地就折返回航，印度和斯里兰卡便成了海上丝绸之路上欧亚贸易的中转港。至于印度以西的航路则由西方航海者开拓。

到了东汉时期，罗马方面的西方航海者也在积极了解东方“丝国”，1 世纪末，有一位居住在埃及亚历山大港的商人撰写了《红海回航记》，记述了西方商船经常往来于红海、波斯湾、印度次大陆东西两岸，特别记载了中国，称作“秦”国，这里“出产丝、丝线和名为丝绸的布”，所以又称为“丝国”。在中国古籍中也不乏对这条航线的记载，成书比《后汉书》还早一个多世纪的《魏略》中就记述了当时大秦直通中国的两条主要航道，一条是直接通往我国古代南方大港，在今越南北部及雷州半岛的徐闻、合浦，一条是以今缅甸南部的海口为航行终点，然后经伊洛瓦底江等河谷北上，进入我国西南部，通过云南的永昌郡与内地沟通。《后汉书·西域传》记载：“桓帝延熹九年，大秦王安敦遣使自日南徼外献象牙、犀角、玳瑁，始乃一通焉。”这是中国同罗马帝国之间直接进行友好交往的最早记录，突破了以往通过斯里兰卡的中转，第一次疏通了东西方海上运输大动脉，连接欧亚大陆的海上丝绸之路真正建立起来了。

随着汉代种桑养蚕的普及和纺织业的发展，丝织品成为这一时期的主要输出品。乳香（薰炉）和家内奴仆（托灯俑）在以往输入品中尚未见到。

由于两汉版图扩张到今东南亚的部分地区，政府加强了海上丝绸之路沿海港市的管理，例如在今徐闻“置左右候官，在县南七里，积货物于此，备其所求，与交易”。也出现了一些比较重要的商业城市，例如番禺、徐闻、合浦（今合浦附近）、龙编

（今越南河内）、广信（今梧州）、布山（今贵港）和桂林等。

（三）魏晋时期海上丝绸之路的发展

魏晋南北朝时期，先后有东吴、东晋、宋、齐、梁、陈等六朝政权立足江南，使江南经济得到深度开发。与此同时，六朝政府实行积极发展海外关系的政策，因而海上丝绸之路也得以迅速发展。

六朝时期，占统治地位的是一批拥有无上政治、经济特权的世袭大族。而自汉末以来的社会大动荡，又使他们深感世事无常，他们中的大多数人缺乏政治上的进取性，苟且偷安，放纵其物质贪欲，奢侈无度，海外舶来品——各种奇珍异宝成了他们竞相追逐的对象，由此产生了对海外贸易的较大需求。而六朝政府要扩大其政治威望，也必须发展对外关系。传统的对外贸易通道——陆上丝绸之路受阻于北国，因而只有致力于海上拓展。

孙权黄武五年（226年），孙权派出以从事朱应、中郎将康泰为首的外交使团出访东南亚各国，历时十余年，“其所经及传闻则由百数十国”，由此了解了南海各国政治、经济特别是贸易及物产情况。回国后，朱应、康泰分别撰写了《扶南异物志》及《吴时外国传》。朱应、康泰分别出使东南亚，不但增强了中国人对东南亚的了解，而且直接推动了双方的贸易往来。史称自朱应、康泰出使后“扶南、林邑、堂明诸王，各遣使奉贡”。东晋南朝时，遣使出访之事不绝于书。

六朝时期的外交活动都具有经济色彩，为获得南方短缺的物资，同时也为了增加更多的财政收入，六朝政府多次派遣大规模船队出海开展贸易活动。232年，孙权遣将军周贺、校尉裴潜率领船队“多持货物”，沿东海、黄海北上辽东地区，与辽东沿海百姓“贸迁有无”，而割据辽东地区的公孙渊也以辽东名马与东吴易货；233年，吴遣使节至朝鲜，高句丽王“贡貂皮千枚，鹖鸡皮十具”；235年，孙权派谢宏出使高句丽“赐衣物珍宝”，高句丽回赠名马，谢宏“载马

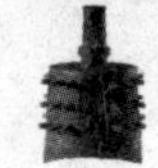

八十四而还”。

六朝政府为了适应水路交通及航海业的需要，都非常重视造船业。在造船及航海水平提高的基础上，在六朝政府积极发展海外关系的政策推动下，海上丝绸之路得到进一步发展，主要体现在南海丝路的扩展以及东海丝路的延伸两个方面。

这一时期，南海丝绸之路的发展主要体现在两方面：一是广州港的兴起，从而取代徐闻与合浦成为中国主要的对外贸易港；二是海上丝绸之路在汉代的基础上继续向西方延伸。西汉时海上丝绸之路的起点在徐闻、合浦。三国时吴在岭南设广州以后，珠江流域经济得到迅速发展，加上造船、航海业的进步，广州很快以其特有的区位优势取代徐闻、合浦的地位。广州与徐闻、合浦相比，其优势在于：徐闻、合浦无内河与内地联系，通往内地的交通也较困难，缺乏大量吞吐货物的条件。而广州不但是岭南的经济中心，且与内地联系更为便利，通过珠江水系可达湘、赣、闽等地。汉代时徐闻、合浦之所以作为对外贸易港口，主要是受当时船舶规模及航海技术的限制，海船尚不能远离海岸，而从岭南的经济中心番禺出发，难以渡过海南东部的七洋洲等危险水域，因而出海便利的徐闻、合浦充当了汉代对外贸易港口的角色。到六朝初年，随着船舶体积的增大及航海技术的提高，海船可以远离海岸航行。因此，从广州出发，不必经琼州海峡，而可经海南东部海面和西沙群岛海域，直航东南亚、南亚各地，从而使广州成为我国海外贸易中心，海上丝绸之路的起点也因此移至广州。

随着造船、航海水平的提高，中外商人使节扬帆于南海、印度洋，海上丝绸之路的路线也逐步由汉代南海——印度洋航线向前延伸。据阿拉伯史学家记载：“中国的商船，从3世纪中叶开始向西，从广州到达槟榔屿，4世纪到锡兰，5世纪到亚丁，终于在波斯及美索不达米亚独占商权。”另一阿拉伯学者马斯欧迪在《黄金原和宝石矿》一书中也称：“中国船只5世纪航行至幼发拉底河的希拉城，与阿拉伯人进行贸易。”《宋书》记载：中国与罗马、天竺之间“舟舶继路，商使交属”。六朝时期，海上丝绸之路向西的终点已从印度半岛东南部向西，

跨越阿拉伯海，抵达波斯湾了，不过这一航线尚未固定化。

在这一时期，由中国通往朝鲜、日本的航线也有了新的发展。秦汉时代，中国往朝鲜、日本的出海口，主要集中于山东半岛渤海一带。到六朝时期，中国与朝鲜、日本交往频繁，东晋南朝时，朝鲜半岛上的高句丽与日本处于敌对状态，因而传统的由中国辽东沿海经朝鲜半岛由北向南，再到日本的航道受阻。日使来华被迫由朝鲜半岛南部横渡黄海，由于建康成了南朝的政治经济中心，因而使这条东方航线大大地南移。《文献通考》卷三二四载："倭人初通中国也，实自辽东而来。……至六朝及宋，则多从南道，浮海入贡及通互市之类，而不自北方……"由建康出发，顺江而下，出长江口后，沿岸北航，至山东半岛的成山角附近，继续沿岸而行，到达朝鲜半岛北部。或由成山角东进，横渡黄海，抵达朝鲜半岛东南部。然后再沿岸南下，渡朝鲜海峡，航抵日本。这条新航线的开辟，大大缩短了中日之间的航程，方便了双方的往来。

（四）唐朝时期海上丝绸之路的转折

唐代以前海上丝绸之路虽有所发展，但对外贸易及文化交流主要还是通过陆上丝绸之路进行的。但是经过魏晋以来的发展和开发，我国东南地区到了隋朝统一全国以后，经济飞速发展。唐朝以来，随着造船技术的提高和国力的强盛，又采取了广泛而又全面的对外开放政策，海上丝绸之路在中后期得到了空前的发展，取代了陆上丝绸之路的地位。

中国远洋船队不但能越过印度半岛，直航阿拉伯海及波斯湾，而且还首次航抵红海和非洲东海岸。当时的北印度洋上，经常来回穿梭着中国的大型远洋海船。

当时与东方强大的唐帝国遥相呼应的，是在西方正在崛起的一个古阿拉伯

帝国——大秦。大秦国面临印度洋，东滨波斯湾，西面是红海，北部紧靠地中海。他们习惯海上生活，历来擅长航海运输，地处亚非两大洲之间，是东方与西方的交通枢纽，与中国保持着长期友好交往。

当时唐代海上丝绸之路主要通道有两条：一条是自登州，海行入高丽的渤海道；一条是自广州通海夷道。唐朝与新罗的关系最为密切，当时通新罗的有三条航线：北路由辽宁通新罗，中路由山东通新罗，南路由江苏、浙江通新罗。其中尤以中路最为重要，且便利迅速，双方的海上交往多取中路。

另一条是自广州通海夷道，是从广州出航，经越南、马来半岛、苏门答腊等地，以至印度、锡兰，再西至阿拉伯。这条通道来往船只也很频繁，风帆往返，相望于道。唐代，东南亚、南亚、阿拉伯的使臣和商人，“或时候风潮朝贡，蛮胡贾人舶交海中”。真腊（今柬埔寨）、爪哇、室利佛逝均多次派使节到中国。

唐代通过海上丝绸之路，尤其是通过广州这个贸易最为繁盛的通商口岸，促进了与各国的交往。当时来中国的外国人明显增多，而且有很多在中国定居下来了。扬州、广州有大食、波斯商人不下数千人，泉州则出现“秋来海有幽都雁，船到城添外国人”。在中国长江以北沿海的许多州县，有许多新罗商人、船主和水手的聚居地“新罗坊”。唐代海上丝绸之路兴盛发达，促进了沿海港口城市的发展，形成广州、泉州、扬州、交州、登州等著名港口。可以说在唐代，中国与海外诸国的政治、经济和文化交流，不但没有因陆上丝绸之路受到阻塞而削弱，反而由于海上丝绸之路的兴起而不断延伸和扩展。

（五）宋元时期海上丝绸之路的鼎盛

宋王朝建立之初，十分关注海外贸易的发展。宋代是我国古代的重商主义时期，国内外贸易都发展到了当时世界最高水平。唐创立的市舶制度不仅得到了系统发展，而且日益完善。宋代是我国历史上通过市舶制度实行对

外开放政策的发展时期，是我国历史上对外贸易制度早期典范化、条理化的时期，也是我国古代海关成形的重要时期。

宋代的市舶制度，基本职能比唐代明确，市舶的海关管理职能也进一步强化。宋代制定的管理进出口贸易的市舶条例，是世界上最早的进出口贸易法规，且内容详尽，堪称封建社会经济立法的典范。因其行之有效，后来成为元代市舶管理条例的蓝本。

宋朝与东南亚沿海国家绝大多数时间保持着友好关系，广州成为海外贸易第一大港。由大食国经故临国（今印度半岛西南端的奎隆），又经三佛齐国，达上下竺与交洋（今奥尔岛与暹罗湾、越南东海岸一带海域），“乃至中国之境。其欲至广（广州）者，入自屯门（今香港屯门）；欲至泉州者，入自甲子门（今陆丰甲子港）”。这就是当时著名的中西航线。这条航线除了向更远伸展之外，还有许多支线。

当时流通于海上丝绸之路的商品中，允许出口的主要有丝织品、陶瓷器、漆器、酒、糖、茶、米等；允许进口的主要有香料、象犀、珊瑚、琉璃、鳖皮、玳瑁、车渠、水晶、苏木等。其中香药种类繁多，数量甚大，价值也高。有时许可有时禁止的有：金银、铜器、铜钱。不允许的有：兵器及可造兵器之物、一部分书籍。还严禁外国货币进口，以防“紊中国之法”。

宋代海上丝绸之路的发展，大大增加了朝廷和港市的财政收入，一定程度上促进了经济发展和城市生活，也为中外文化交流提供了便利条件。

到了元代，与中国交往的海外国家和地区，见于文献的就有 220 个左右，数量上是南宋《诸蕃志》的四倍多。元人还对中国以南海域作了“西洋”和“东洋”的划分。这是海外地理知识的进步。元政府制定了“至元法则”和“延祐法则”，相对于宋朝的“元丰市舶条”来说，前者是全国一律的系统规定，侧重于商船管理、商品管理和征税、中外商人使节管理与限制等方方面面，堪称中国历史上第一部系统性较强的外贸管理法则。元代的主要进口商品包括象牙、犀角等宝物，各种布匹，沉香、檀香等香货，不同种类的珍贵药物，木材、皮货、牛蹄角、杂物等共八大类。

（六）明朝时期海上丝绸之路的盛衰

明初一方面很重视海外贸易，大力发展与海外各国的官方间的朝贡贸易，但是又迫于当时沿海不利的形势，对民间贸易严格实行海禁政策。

我国历来官方间交往都是以朝贡的形式进行的，只是宋元以来，大有民间贸易比官方贸易更为重视的趋势。明代却是除朝贡贸易外，不许有其他私人贸易存在。这样海外诸国欲与中国通商，必须在政治上先与明王朝建立藩属关系，接受明王朝的册封，然后才能来华朝贡交易，所以称这种贸易形式为“朝贡贸易”。明代市舶司的职责只限于接待外国前来“朝贡”的海船，不能批准中国商船出海。明朝政府虽也知道军需国库多半取决于市舶，但有明一代，基本上都对市舶进行种种限制。这主要是因为当时东南沿海的倭寇时常骚扰沿海地区，造成了严重危害。

明代海禁时紧时松，大体说来，在洪武年间是海禁严格实施时期，但是到了永乐宣德年间，就较为松弛，这一时期派遣了声势浩大的郑和船队七下西洋，但是后来，由于无力阻止大型船队出洋，海外各国来华朝贡贸易也逐渐衰落。到了明朝中后期，虽然仍然严禁私人出海进行民间贸易，但是仍不断有人违禁出海贸易，海禁政策也不得不调整，明代政府不得不予以宽容。直到隆庆元年（1567年）以后才废除海禁，整个明代不足三百年，实行海禁时间长达近二百年，造成海上丝绸之路由盛转衰。

但是与此同时，由于欧洲等西方国家资本主义生产关系的出现，开始寻求地中海以外通往东方的新航路，于是出现了所谓的地理大发现。从此，欧洲一些国家开始来到东方，来到我国东南沿海占据通商据点。尤其是西班牙占据菲律宾群岛后，开辟了从菲律宾返回墨西哥的太平洋航线，从此以丝绸为主的中国商品便源源不断地沿着这条航线，行销拉美各地，这条航路就此成为太平洋上的丝绸之路。中国丝绸除了由陆路运往中亚，

由海路运往波斯湾，越过印度洋运到非洲东岸，间接地传往欧洲之外，又越过太平洋运往墨西哥，传往拉丁美洲各地，开始进入了西半球，这在我国丝绸传播史上具有划时代的意义。随着太平洋上丝绸之路的兴盛和发展，加强了中国与拉丁美洲的经济文化交流。美洲印第安人的一些农作物，诸如玉米、番薯、马铃薯、西红柿等陆续传入中国；同时中国的一些农作物，如柑橘、樱桃、芒果和茶叶等也先后移植到美洲，大大促进了两地的农业发展和农作物的多样化，推动了我国商品经济的发展。这条太平洋上的丝绸之路发展了两个半世纪，终因墨西哥独立战争的爆发而退出历史舞台。

（七）海上丝绸之路的衰落

从海禁到广东一口通商，是我国清代对外贸易史上的重要转折点。

在明代诸多航线的基础上，清代又开辟了北美洲航线、俄罗斯航线和大洋洲航线等。同时，外贸的港口有所增加，地域有所扩展，来往商船频繁，商品量值上扬。出口商品中茶叶占据了主导地位，而丝绸退居次席，土布和瓷器(特别是广彩）也受到青睐。进口商品中，就吨位而言，棉花居首，其次是棉布和棉纱，毛纺织品退居第三；就价值而言，鸦片逐渐占据了首位，并从原来的走私演化到合法化。特别要提到的是，发端于鸦片战争之前的“苦力贸易”至战后则颇为猖獗。

康熙二十四年（1685年），清政府在粤、闽、浙、江四省设立海关，这是中国近代海关制度的开始。清代广州的外贸制度是具有代表性的。它是在从十三行到公行，从总商制度到保商制度的发展过程中形成的一套管理体系。行商主要负有以下四方面的责任：第一，承揽进出口贸易；第二，代理外商报关缴税；第三，行商互保的同时，还要为外商担保；第四，充当外商与官府的中介。而且随着海上丝绸之路的发展，许多国家逐渐在中国设立商馆；清代海外移民形成高潮。“华侨”还纷纷在居住地建设会馆，并相当程度地影响着当地经济的发展。

海上丝绸之路的发展，对国内外市场网络的扩大、农业商品化的推进、民族工业的兴起、城镇经济的发展、交通运输业的繁荣以及中西文化的交流都起到了很大的正面作用。

到了民国时期，香港逐渐演变成为远东国际贸易的重要转口口岸，除了洋行之外，在抗战前英国一直是第二大贸易伙伴，抗战后为美国所取代。民国前期，出口商品以生丝和丝织品为最多，茶叶有所下降，水草类编织品也较大宗，瓷器一般供应给海外华侨，其他还有烟叶和蔗糖等；进口商品以蔗糖和大米为大宗，五金类的数量继续增长，水泥也是重要的进口商品，海产品多由香港进口。民国后期略有变动。

民国时期列强夺取了关税收支及保管权，关余（关税开支后的余额）也被外国银行控制，中国的海关监督无权过问；省港大罢工后有所改观。这一时期，走私问题极为严重，民族工商业惨遭打击。虽然民国前期蚕丝业鼎盛，但自1930年后便开始走向衰落。

可以说，自从鸦片战争爆发，我国沿海主要港口被西方列强控制，逐渐半殖民地化了，成为他们掠夺原材料和倾销商品的基地，我国失去了外贸及关税自主权，从而这条名扬四海、光芒四射、发展了两三千年的海上丝绸之路绝迹了。

三、海上丝绸之路与中外文化交流

(一) 四大发明与海上丝绸之路

中国是世界四大文明古国之一，最重要的标志是中国有四大发明，即造纸术、印刷术、指南针和火药。四大发明对人类生活影响巨大。17 世纪英国哲学家培根说过："它们改变了世界上事物的全部面貌和状态，又从而产生了无数的变化。"中国是四大发明的开创者，但四大发明通过海上丝绸之路传播到了全世界。

众所周知，纸有广泛的用途。它虽是一种极普通的东西，却是人们不可缺少的。可是在人类的文化史上，有漫长的一段时期文字不是写在纸上，因为那时候人们不会造纸。我们祖先除了把文字写在甲骨上，还把文字写在竹片和木板上。但竹简和木简太笨重了，于是，东汉宦官蔡伦发明了造纸术。

随着时间的流逝，许多国家知道了中国的造纸术，他们特别想看一看中国的纸是什么样子，更想得到造纸的方法。随着海上丝绸之路的开辟，中国和其他国家的交往越来越多，纸也就传了出去。

在纸传入欧洲之前，欧洲人把字写在石头、蜡板、纸草、羊皮上。纸草一经折叠就会断裂，不易保存。羊皮价钱很贵，抄写一部《圣经》就要用三百多张羊皮，成本太高了。中国的造纸术传入欧洲后，立即引起了一场造纸战，各地纷纷设立造纸工厂，改进造纸技术。再到后来，随着海上丝绸之路的开拓，造纸术也传到了美洲，这样，造纸术就通过海上丝绸之路传到了全世界。

我国劳动人民很早就发明了拓碑和印章。唐朝时我国人民受拓碑和印章的启发，发明了雕版印刷术。把木板锯成一块一块的，把要印的字写在薄纸上，反贴在木板上，再根据每个字的笔画，用刀一笔一笔雕刻，使每个字的笔画突

出在板上。木板雕好以后，就可以印书了。

到了北宋仁宗年间，毕昇发明了一种更先进的印刷方法——活字印刷术。用胶泥做成一个一个的四方长柱体，一面刻上一个字，再用火烧硬。印书时，先预备一块铁板，铁板上放上松香和蜡之类的东西，铁板四周围着一个铁框，铁框内密密地排满活字，一铁框为一版，再用火在铁板底下烤，使松香和蜡熔化。另外用一块平板在排好的活字上面压一压，把字压平，一块活字板就排好了。最后在字上涂墨，就可以印刷了。

我国的印刷术，首先传到了朝鲜，后来又传到了日本、越南。元朝时，有许多欧洲人来中国，他们发现元政府印的纸币可以代替金银使用，觉得很新奇。在杭州印书的地方很多，有些欧洲人在这里住了几年，写了许多笔记，带回欧洲，这对欧洲印刷术的产生很有启迪作用。

14 世纪末和 15 世纪初，欧洲开始出现了木板雕印的课本、宗教画等，到 15 世纪中期，雕版印刷术在欧洲已经相当普遍了。与此同时，德国人谷登堡发明了活铅字印刷，这比当时中国的印刷方法先进得多，但是他比毕昇发明的活字印刷晚了四百多年，不能不说他的发明是在中国印刷术的影响下产生的。

中国的印刷术传到了埃及、美国、加拿大，传遍了全世界。被称为“文明之母”的印刷术的广泛传播，为世界各国出版大量书籍打下了可靠的基础，为人类享受文化生活提供了有利条件，这是中国人民对世界文明作出的了不起的贡献。

我国最早指示方向的工具叫司南，唐朝时，又创造了指南鱼。指南针大约是在北宋宣和年间发明的。当时北宋有个人叫朱彧，他写了一本书，书中讲到，当时渔船上的人为了辨别地理方向，晚上看星辰，白天看太阳，阴天下雨就看指南针。

到了南宋，人们已经用“针盘”航行了，说明指南针和罗盘针结合在一起了。罗盘是用木做的，也有用铜做的，盘的周围刻上东西南北等方位，人们只要把指南针所指的方向和盘上所刻的正南方位对准，就可以很容易地辨别航行

的方向了。

明朝时我国是世界上经济比较发达的国家，需要同海外各地加强经济文化交流。明政府派郑和七次下西洋，下西洋的宝船是当时海上最大的船只，这些船上就有罗盘针和航海图，还有专门测定方位的技术人员。这只船队到过印度支那半岛、南洋群岛、印度、波斯和阿拉伯的许多地方，最远到过非洲东岸。在这样多次大规模的远航中罗盘针起了相当大的作用。

有了指南针，人们在航行中，还能慢慢摸出一条条新的航路。元朝时，我国许多书上记载着到海外各国去的航路。这些航路，因为是靠指南针得来的，所以当时称为“针路”。

我国不但是世界上最早发明指南针的国家，而且是世界上最早把指南针用在航海事业上的国家。海船从此有了眼睛，人们在海上航行，再也不怕迷失方向了。航海事业发达了，也就促进了各国之间的经济贸易和文化交流。

北宋年间，我国的海船往来在南海和印度洋上，能一直开到阿拉伯，与阿拉伯人做生意。阿拉伯人来我国的也很多，大多都是乘中国船来的。他们看到中国船都用指南针，学会了制造指南针的方法，而且把这个方法传到了欧洲。12 世纪末、13 世纪初，阿拉伯和欧洲的一些国家，也开始用指南针来航海了。

指南针通过美丽的海上丝绸之路传到欧洲，对欧洲航海事业的发展起到了很大作用。15、16 世纪，欧洲各国航海家开辟了新航路，发现了美洲大陆，完成了环球航行。他们用来辨别方向的法宝，就是指南针。指南针的发明和传播，对世界航海事业的发展作出了重大贡献。

我国火药的发明，跟炼丹有很大关系。在宋朝初年的一本书中记载着：隋初，有个叫杜子春的人去访问一个炼丹老人。天色已晚，炼丹老人留他住下。夜里他一觉醒来，看到炼丹炉里突然冒起大火，火焰一直升到屋顶，把房子都烧了。这就告诉我们，在那以前，可能已经有些炼丹家发现火药了。

经过一次又一次爆炸起火，经过一次又一次冒险试验，终于有人找到了恰

当的比例，进一步把硝石、硫磺和木炭这三样东西结合在一起，配制成火药。

唐朝末年，天下大乱，军阀割据，战争频繁。唐哀帝年间，有个叫郑璠的人去攻打豫章。他命令士兵“发机飞火”，把豫章的龙沙门烧了，他自己带领一些人突火登城，身上也被烧伤。那么“飞火”是什么呢？其实，就是火炮一类的东西。这种火炮，可以说是最早用火药制造的燃烧性武器了。用这种武器的目的，就是燃烧，它的燃烧力是相当大的。那时，用火药制造的燃烧性武器，除了火炮之外，还有火箭。根据记载，宋太祖时，有个叫冯继升的人，向宋朝政府献上了做火箭的方法，宋朝政府还赏赐了他一些东西，作为奖励。

火药不但具有强烈的燃烧性，而且具有强烈的爆炸能力。北宋时，我国已经开始制造爆炸性的火药武器了。到了南宋时，战争中越来越多地使用爆炸性的火药武器。

中国是最早发明火药的国家，由于中国与世界各国的交往非常密切，特别是海上丝绸之路开辟后，中国的船队到达其他国家时，自然也把中国的技术带到了他国。我国的炼丹术传到阿拉伯大约是8世纪或9世纪，与此同时，硝石也传到了阿拉伯和波斯等地。南宋时，我国与阿拉伯交往频繁，火药的制造方法大概就是在这时候传过去的。后来又从阿拉伯传到欧洲各国，并产生了巨大的影响。

四大发明的外传，为世界的发展作出了重大贡献。四大发明在世界上受到了广泛的赞誉。17世纪英国学者培根就曾称颂说：“印刷术、火药、指南针曾改变了整个世界，变化如此之大，以至没有一个帝国，没有一个学派，没有一个显赫有名的人物能比这三种发明在人类事业中产生更大的力量和影响。”如果没有海上丝绸之路，四大发明的外传或许要更晚些。

（二）宗教文化与海上丝绸之路

海上丝绸之路不仅仅是古代中外贸易的线路，也是一条宗教文化传播交流的通道。早期佛教在中国的传播，就有不少外国或中国僧人取道海上丝绸之路，其中最著名的有昙摩耶舍、菩提达摩、法显、义

净等。同样，在伊斯兰教东传的过程中，海上丝绸之路也发挥了重要的历史作用。在中国古代名港广州、泉州、扬州等地留下了不少伊斯兰教的遗迹。16 世纪天主教耶稣会传教士入华也大都通过海路而来，如利玛窦、汤若望等，他们一方面向中国人传播西方的科学知识和天主教教义，另一方面将中国文化介绍到西方，从而在西方形成一股东方热潮。中国既是宗教文化的接受者，也是宗教文化的传播者。中国的儒家文化、佛教、道教曾对周围国家产生了不小的影响，例如佛教在传入日本、朝鲜的过程中，中国的天台宗、华严宗、禅宗对其影响巨大。此外，以妈祖信仰为代表的中国民间信仰也随着海员、海外移民而传入海外，尤其是在东南亚地区，其影响不容忽视。这些都说明了海上丝绸之路的形成和发展不仅促进了宗教文化的传播和交流，也间接地促进了民族、国家间的交流和了解。

佛教传入中国有陆路和海路两条途径。当外国僧人或中国僧人取道海路来到中国港口城市后，不可避免地要进行休整，有的干脆就在当地修建庙宇或直接去当地佛寺进行研习，宣扬佛法。例如广州的王园寺（今光孝寺）是由昙摩耶舍创立的；广州的西来寺（今华林寺）是由菩提达摩创立的。同样，当僧人们取道海路前往他国时，由于候船、季风等因素的影响，也不得不在港口等候，港口城市的佛寺和居民也就受到了不同程度的影响。唐代的鉴真和尚曾六次东渡日本，只有最后一次成功，说明海上航行受到多方面因素的影响。即便如此，唐代以后，中国僧人取道海路求经弘法的人数仍有显著增加，这在义净撰写的《大唐西域求法高僧传》《南海寄归内法传》中有明确的记载，当时半数以上的高僧是从交趾、广州两地乘船出发的。可见，在唐代海上丝绸之路就已发展成为佛教传播的主要途径之一了。

海上丝绸之路帮助大量的佛教经典传播到中国，这些经典大多是直接来自印度的梵文或巴利文原本，打破了中国佛教以北传佛教（大乘）为主的模式，为中国佛教注入了南传佛教（小乘上座部佛教）的经典，使中国佛教走上了大小乘兼备的发展道路，而且使中国与周边国家的佛教交流更加频繁、通畅。这

种交流是双向的，早期中国佛教在吸取印度佛教的思想后，与中国传统文化结合，形成了各种宗派，这些佛教宗派又影响到其他国家，如日本、朝鲜、越南等国。例如中国的天台宗、华严宗、禅宗对日本、朝鲜的影响巨大。804年日本僧人最澄和空海都随遣唐使船来到中国，最澄等搭乘的第二艘船在宁波靠岸，空海搭乘的第一艘船则漂泊到福州长溪县。他们在中国系统地学习了佛教经典，回国后，最澄创立了日本天台宗，空海则开创了真言宗，确立了日本大乘佛教思想。同样，日本禅宗两大流派临济禅和曹洞禅的创立者荣西和道元与宁波也有着不解之缘，至今日本曹洞禅的大本山永平寺仍将宁波的天童寺视为祖庭。高丽僧义通被尊为宁波天台宗第十六祖。高丽王子义天（1055—1101年）率弟子寿介搭乘海船入华求法，回国后大力宣扬天台宗的教义，创立了高丽天台宗。他收集了四千余卷佛经，编出了《新编诸宗教藏总录》，并按这个总录刊行了《高丽大藏经续藏》。

从唐至元，伊斯兰教对中国东南沿海地区的影响是显著的。元代吴鉴在泉州《重立清净寺碑》中介绍了摄思廉、益绵、没塔完里、漠阿津、哈梯卜几种职务，摄思廉现今翻译为“谢赫·伊斯兰”，意为伊斯兰教长老；益绵即“伊玛目”，在清真寺里率众礼拜并掌管教规；没塔完里是主持寺产、看护寺产的人；漠阿津今译为“穆安津”，即宣礼员，主要职责是每天呼唤穆斯林做礼拜；吴鉴没有介绍哈梯卜，哈梯卜是宣讲教义教法的人，主麻日站在讲台上念呼图白。伊玛目（益绵）、海推布（哈梯卜）、穆安津（漠阿津）形成了三掌教，这种制度在中国流传了数百年，直至17世纪末情况才发生了一些变化，阿訇选聘制度开始出现，但并未完全代替三掌教世袭制度，阿訇选聘制和三掌教世袭制两种掌教制度并存的局面一直延续到民国初年。阿拉伯的服饰、建筑、绘画、饮食也对中国穆斯林产生了不小的影响。例如广州怀圣寺中的光塔是一圆柱形砖结构建筑物，高约三十六米，外观呈下大上小两个圆柱体叠加形，充分显示了伊斯兰独特的建筑风格；泉州清净寺的尖拱门、穹隆顶，同样具有阿拉伯清真寺的建筑特色。

15—16世纪西方殖民者陆续东来，亚洲许多国

家沦为殖民地。天主教等在东南亚和中国得到了传播，以利玛窦、汤若望、丁韪良为首的传教士们一方面向中国人传播西方的科学知识和《圣经》，另一方面将中国文化介绍到西方，从而在西方形成一股中国热。这些传教士是中西文化交流的使者，他们传播的科学知识，使中国自先秦以来的文化格局打开了一个新的窗口，中国知识分子从一种相对传统封闭的状态下摆脱出来，突破了以前的思维模式，从而为中国的知识和文化带来了一次革新。这些接触到西方科学知识的中国人逐渐意识到当时的玄虚学风对国家少有益处，他们开始提倡实学，进而提倡吸收外国科学知识中有用的成分，“会通以超胜”，“并蓄兼收”，“藉异己之物，以激发本来之真性”，希望在吸收外来文化的基础上创造出更加优异的中国文化，这种与西方竞争的意识是“西学东渐”后的某种觉醒。

利玛窦、柏应理等传教士将中国的“四书”等经典翻译介绍给欧洲，使西方对中国的哲学产生了兴趣，进而对欧洲的启蒙运动作出了贡献。著名的德国哲学家莱布尼茨（1646—1716 年）接受了以利玛窦为代表的耶稣会教士的中国文化观，认为中国人是最有德行的民族。法国启蒙运动的旗手和统帅伏尔泰（1694—1778 年）曾对孔子给予了高度评价，他还认为中国之所以是一个不受政教冲突干扰的国家，关键在于孔子的学说。他在自己的住宅中专门安排一间挂有孔子肖像的房间，甚至把自己的住宅称为“孔庙”，戏称自己是“孔庙大住持”。除了儒家学说，中国的道教、佛教经典也陆续被介绍到了西方，中国的哲学思想对欧洲哲学思想产生了重大影响。

除中国佛教对朝鲜半岛、日本、越南产生了深远的影响外，中国自己的传统文化如儒家文化、道教和一些民间信仰也对周围国家产生了不小的影响。

儒家思想很早就传入了朝鲜半岛，随着新罗统一三国后，儒家思想成为统治阶层的思想体系。先后出现了一些著名的儒学大家，如李穑、郑梦周、郑道传等。与朝鲜半岛相似，日本也深受儒家文化的影响，但早期儒学是日本统治阶层高雅的学问，内容限制在汉唐注释、文学训诂上，在民间的影响不大。这

种情况在朱熹、王阳明理论传入日本后发生了变化，儒家的思维方式得到了传播和发展。虽然朱子学被奉为日本的官学，但对日本社会变革产生积极推动作用的是阳明学派。日本的阳明学派虽然继承了中国的阳明学思想，但和中国的阳明学有所不同，日本阳明学者大都折中朱王，调和神儒，在理论和实践上，有自己的特点。明朝亡国后，中国著名学者朱舜水（1600—1682 年）流亡日本，开馆讲学，培养了众多的学生，有些学生也成为著名学者，他所提倡的实学实理的学风，渗透到整个日本国民的意识中，间接地推动了日本的明治维新运动，被尊称为“日本的孔夫子”。

在高句丽、新罗、百济鼎立的三国时期，道家思想和道教就已经传入朝鲜半岛，618—649 年，中国的五斗米道已在高句丽得到广泛传播。朝鲜半岛的道教大致分为科仪道教、修炼道教、民间信仰三大流派。科仪道教和醮祭密切相关，昭格殿是朝鲜王朝唯一的道观，醮祭仪式都集中在这里举行。修炼道教是以研习内丹为特色的道派，到唐朝学习的新罗宾贡进士金可记、高句丽宾贡进士崔致远是其中的代表人物。中国道教没有在日本形成传承系统，日本宗教中没有道教，但是道教经典对日本神道教有深刻的影响，对日本知识界的影响也有目共睹。

中国的传统民间信仰也随着海员、移民的步伐而传入海外，其中典型的就是妈祖信仰。妈祖本是福建湄州岛上的一个民女，经过宋、元、明、清历代帝王的加封，成为海上航行的保护神。妈祖信仰随着移民而传入日本、朝鲜、新加坡、马来西亚、越南、泰国、菲律宾等国。有一些中国的民间信仰与妈祖信仰相似，也在华人移民中得到了传承。

（三）徐福东渡——海上丝绸之路的开拓者

早在公元前 219 年至公元前 210 年，秦始皇为了宣扬秦德，五次出巡全国。在视察山东琅琊郡（今胶南、日照一带）时，听说东海有蓬莱、方丈、瀛洲三座神山，上有仙草，食之可以“长生不老”“仙寿永昌”。于是，便派遣方士徐福率数千童男童女与工匠等出海寻觅。据《史记》记载，徐福（前 255—?），本作徐市，

字君房，幼年习读儒书，研习阴阳五行，修真炼丹，习学道术，聪明过人。成年后，行医传道，随其父徐猛宦游齐国，交往甚广。

第一次出海归来，徐福诈称“蓬莱药可得，然尝为大鲸鱼所苦，故不得至”。第二次出海，徐福从琅玡港出发，率船队经庙岛群岛，横渡渤海至辽东半岛，然后沿辽东半岛东南近海至朝鲜半岛，再由朝鲜半岛西部近海折南而行，横渡朝鲜海峡，向东方而去，不久这支船队便消失在汪洋之中，从此杳无音讯。两千多年来徐福船队的去向，一直是一个谜。《史记》中未记载徐福具体去处，只是说去了一个“平原广泽”。但是这个平原广泽是哪里呢？

1982年江苏赣榆县地名普查中，发现了一座原名“徐福”，后来演变为“徐阜”的自然村。宋代之前，村内还有一座徐福庙。赣榆，战国时属齐地，秦时属琅玡郡，又是秦始皇东巡时多次路过的地方。在这里发现了“徐福村”，应该不是偶然的。这件事，已经引起了历史学家的重视。它说明，有关徐福的故事，或许并非如有的人所认为那样，仅仅是一种无稽的传说。

至于徐福第二次出海之后，一去而不复返。他究竟到了哪里？他的这次航行，究竟是一次成功的记录，还是一次失败的尝试？这一点，从日本今天尚广为流传的传说中，或许可以得到回答。

日本列岛，从南到北，有十几个地方流传着徐福的故事。其中传说故事最丰富，因而纪念地也最多的是和歌山县、三重县和佐贺县。佐贺县诸富町有一处地名唤作“浮杯”。传说徐福漂流到此，将一杯酒放入海内，酒杯在前漂浮引路，徐福一行便随杯前行，于杯止处登陆。这里至今还立有“徐福登陆地”的木制标注，并建有祭祀徐福的“金立神社”。

距此不远，传说为徐福登陆后掘井引水之处。1926年10月21日，当地在调查历史遗迹时，就在此地地下三米深处，发现一口古井。现在，这口古井犹存。

在佐贺县的金立山顶，也有一处“金立神社”，每隔50年要举行一次大规模的祭典。徐福，被作为农耕、蚕桑与医药之神，享受着祭祀。1980年是“金立神社”建立2200年，又逢祭典，因此盛况空前。人们抬着放有徐福神仙牌位

的轿子，从金立山顶，沿着传说中徐福走过的道路，直到诸富町浮杯处为止。

在熊野地区的和歌山县新宫市，也建有祭祀徐福的拜殿。在《熊野年代记》中，记载着三百多年前，这里修缮徐福拜殿的情况。在熊野速玉神社珍藏的古老地图中，也标明了徐福宫的地址。

这里，还有传说中的徐福墓地。墓地的附近立有诗碑，上面刻着日本高僧绝海中津渡海到中国后，与明太祖朱元璋唱和，赞颂徐福的诗。每年 9 月 1 日，这里都要举行“徐福祭”，由新宫市“徐福会”主持。白天是祭祀仪式，晚间是群众性的盂兰盆会。

传说徐福在佐贺逗留之后，又折回九州岛，到了高千穗的“日向”，在和歌山县的新宫市停驻了三年，而后又回到了伊势湾腹地，进到内陆檀原，并在此称王，最后在富士山麓终其天年。

在上述这些地方，还有许多街道、商店，至今仍以“徐福”“蓬莱”命名。有关徐福的其他民间传说故事还有很多。

很难想象，这样众多的古老传说和历数百年不衰的群众性纪念活动，会是全然事出无因。如果再参证日本考古的发现，或许可以帮助我们认识这些传说的由来。

在公元前 2 世纪之前，日本海处于绳文文化的石器时代。但是，就在公元前 2 世纪之际，日本的文化却有了一个突然的飞跃，出现了陶器、铁器，开始种植水稻。其水稻品种也与中国大陆当时的品种一致。这个突然出现的，比日本固有文化先进数千年的新的文化阶段，被称作弥生文化。而弥生文化出现的时期，正是在传说中徐福一行东渡日本之后。日本历史学家井上靖认为：“弥生文化并不是绳文文化的继续和发展，而是外来文化，这是无可置疑的。”如果把这样一个毋庸置疑的事实，同和歌山、三重、佐贺等地都出土过弥生式陶器，同徐福被当作农耕、蚕桑、医药之神的传说联系起来，那么我们或许可以对徐福确实航海到了日本，并把当时中国先进的文化与生产技术带到了日本，怀有更充分的信心。退一步说，即便不是徐福，那时无名的航海先驱者，也一定渡海到达过日本。为了纪念这些先驱者，

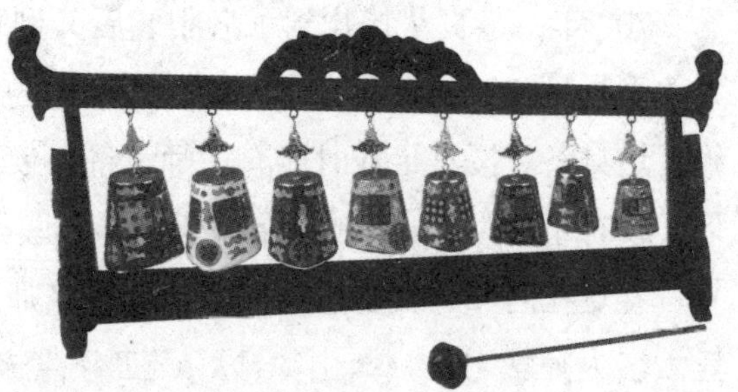

我们把徐福作为他们的代表，应该也不为过。

徐福的东渡，反映了两千多年前我国的航海水平以及对外的文化影响，它传播了友谊，交流了文化，是中国航海史上不可忽视的一页。徐福被日本人民作为蚕桑之神供养，认为他把中国的蚕丝生产技术带到了日本。因此，我们有理由把他称为海上丝绸之路的开拓者。

（四）鉴真大师六渡日本——中日文化交流大使

在中日文化交流的历史上，既有埋骨中国大地的阿倍仲麻吕等人，也有埋骨于日本国土的中国人。唐朝的时候，日本向唐朝派遣唐使团，是为了学习中国的文化和生产技术。为了传播中国文化和生产技术，唐朝也向日本派遣使臣及各种有专门技术的人，这些人在中日交流中起了重大作用。唐代高僧鉴真和尚，便是中国赴日传播中国文化的代表人物。

鉴真和尚，祖籍扬州，生于 688 年。他俗姓淳于，他的父亲就是一个虔诚的佛教徒。当时的扬州佛教盛行，名刹林立。所以，鉴真从小就生活在佛教信仰很浓的环境中，耳濡目染，对佛教产生了强烈的兴趣。他 14 岁的时候，跟着他父亲到大云寺去，在大云寺跟智满禅师做了沙弥。

鉴真 18 岁的时候，从道岸律师受菩提戒，并学习律宗。道岸是南山律宗的开山祖师，很有名气，他曾给唐中宗李显受戒。

707 年，鉴真从扬州到了洛阳，后又到长安。当时德高望重的弘景律师又为他受具足戒。具足戒又名大戒，是僧侣的最高戒律，表示各种修行的戒条已经十足具备。授具足戒时要有三师七证，仪式十分庄严隆重。受了具足戒的僧侣，政府才正式承认他的僧侣身份，并且取得了讲授的资格。

鉴真在洛阳、长安逗留期间，遍投名师，潜心研究佛学经典。他先后跟着五六名大师学习了《南山律钞》《四分律疏》等典籍。同时，他对佛教艺术、

建筑艺术、中医中药等许多知识都做了深刻的学习和研究，具有了极其全面和丰富的知识技能。

713 年，鉴真离开两京，回到扬州，在扬州的大明寺主持讲授律戒，成为我国南方有名的授戒大师。听他讲经、剃度得戒的僧人多达四万余人。另外经他主持建设的寺院有八十多处，他还指导塑造和绘制了大量的佛像和壁画，抄写了一千多卷经卷。他成了一位知识全面、海内外闻名的律学权威。

当时的日本非常崇尚佛教，但是由于佛教界的戒律不兴，存在着许多混乱的状态。有许多人为了逃避赋税，就自己剃了光头，穿上袈裟，当了和尚。这样一来，使日本的土地无人耕种，无人纳租，造成财政困难。另外，很多“自度”的僧人动机不纯，所以不能真正持戒诵经，经常做些偷摸盗窃的事情，给社会的治安带来了很大威胁。日本天皇想要建立一个像大唐那样的严格正规的受戒制度，使僧侣们遵行清规戒律，提高佛学修养，并借此整顿一下僧侣队伍。要想做到这一点，就必须要请大唐的高僧来指点、宣扬和传授戒律学，建立起一个正规的受戒制度。日本政府决定派出年轻的僧侣荣叡、普照二人，随遣唐使团的大船到唐朝聘请名师。

第一次，荣叡和普照先请去了两名高僧赴日。可是这两位高僧只能讲解佛典经文，不能授戒。所以荣叡和普照又第二次来到中国，直接去扬州大明寺找到了鉴真大师，请他和他的弟子东渡日本。但是当时中国的海防很严，远航出国要得到官府的批准，这是很不容易的，所以他们就秘密地进行准备，对外人就说是要到天台山国清寺供奉香火，因为陆路不便利，所以走水路。这样官府就不追究了。但是随行的人中，有一个叫如海的悄悄地把这个消息告诉了官府，说他们“私通海贼”，官府下令逮捕了相关人员，虽然最后把抓去的人放了回来，可是这一次东渡却失败了。

过了不久，鉴真大师自己出资向一个军事官员买了一艘军用船。同时准备了粮食、药品、佛经等等一大批物资，并且招用了八十多名能工巧匠。一切准备就绪，于 744 年，自扬州出发。不料，船行到长江口，因为风浪太

大，船身被砸坏，只好靠岸修船。第二次航行又失败了。

一个月之后，船终于修好了，他们再度出发。当他们迎着风浪航行到舟山群岛海面时，突然一声巨响，船头撞在了暗礁上。船体破碎，海水涌进船舱，船很快就沉没了，船上的人员幸好被海上的军船发现，才得到救援，但这次航行又宣告失败。

到了第二年，鉴真再次策划东渡。这时候有些人气馁了，劝鉴真放弃东渡的打算，但鉴真大师的意志很坚决，他又率船再次出航了。可是由于有人早已告知官府，官府立即派船去追，硬把鉴真抓回来，送到扬州。因此，第四次东渡又未成行。

又过了三个年头，到了748年，鉴真等人再次从扬州崇福寺出发，顺利地通过了长江口和舟山群岛。经过了一个多月的海上航行，遇上了强烈的东北大风，使船改变了航向，失去控制，凭任漂流，经过了半个多月，漂泊到了海南岛的崖州。当地的官员知道了消息，把鉴真接到了城中。在崖州住了一年多，鉴真执意要回扬州。但是在回扬州的途中，不幸的事情接踵而来。先是一直与他患难与共的日本僧人荣叡，行走在端州（今广州肇庆）的时候，身染重病死去了。鉴真大师悲痛万分，放声恸哭，加之天气炎热，心火上攻，一夜之间眼睛突然失明。但他继续北行，到了江西境内，一直追随他的弟子祥彦也染疾去世。这一连串的打击，使年已63岁的鉴真大师身体情况骤然变坏，几乎到了不能支撑的地步了。但是他意志十分坚定，经过了三年多的艰难跋涉，终于回到了扬州。

鉴真大师为了东渡日本弘扬佛法，历经了五次失败，而且一次比一次惨重，但是这反而更加坚定了他东渡的意志。鉴真大师东渡的举动，惊动了朝野。唐朝皇帝李隆基对他也倍加赞扬。日本遣唐使头领藤原清河很受感动，他和一同归国的阿倍仲麻吕一同到扬州拜谒了鉴真大师，劝说鉴真大师同他们一同东渡日本。鉴真大师虽已66岁，而且双目失明，但东渡的决心并没有改变。经过几天的准备，鉴真大师跟随藤原清河和阿倍仲麻吕由扬州乘船到苏州，登上了遣

唐使团回国的大船。

这次鉴真大师带领的弟子和能工巧匠共23人，还带了许多物品，如佛经、医药书籍等。753年，日本四艘大船扬帆出海，结果藤原清河与阿倍仲麻吕乘的第一条船，遭风遇险后又返回中国。鉴真乘坐的第二条船，也遭风暴，但漂到了日本的冲绳岛，终于抵达日本。鉴真大师历经十二年、六次航行才算成功，使他夙愿得偿。

鉴真大师到了日本都城奈良的时候，日本天皇派专使迎接，受到了各界人士的欢迎，被安排在东大寺。时隔不久，天皇授予鉴真大师传灯大师位，委托他立坛授戒。鉴真先后为太上皇圣武天皇、皇太后、皇子及四百多位僧侣受了戒。同年五月，天皇又任命鉴真大师为大都僧。在东大寺建立了唐禅院。鉴真大师71岁的时候，天皇让他专门从事僧侣的教育事业，赐给他一大片土地，建立了唐招提寺。

鉴真大师在日本生活了十年，在这十年间，他勤勤恳恳，孜孜不倦地工作，以他百科全书一样的丰富知识，为中日文化交流作出了巨大的贡献。在宗教方面，他使日本佛教纳入了正规授戒的轨道，开展了佛经的演剧，开创了律宗派，另外他还校正了当时日本流行的错误的佛经经典，加强了佛学教育。在建筑方面，对日本的寺院建筑起了很大的指导和示范作用。在书法方面，鉴真大师把带来的书法大家王羲之父子的书画真迹，献给了日本天皇，对日本的书法研究起了很大的推动作用。在医药方面，鉴真大师也有很高的造诣，他凭着鼻嗅、口尝、手摸就能鉴别中草药，为日本的药物研究作出了很大贡献。他还经常为人治病，疗效显著。至今在日本出售的中草药袋上还印有鉴真的头像。除此之外，鉴真大师的徒弟和带去的那些能工巧匠们，都施展才华，在文学、汉语普及和养蚕种麻纺纱等方面都起到了很大的作用。

763年的春天，历经十二年六次东渡才告成功，饱经忧患、历经沧桑的著名高僧鉴真大师，圆寂于异国他乡的土地上。当鉴真大师去世的消息在第二年的秋天传到中国扬州的时候，扬州各寺的僧众，身穿丧服，东望大海，举哀三日，以示祷念之情。

鉴真大师在中日邦交史上，是一个赫然显耀的人物。他坚忍不拔、百折不回的精神，足为后世的楷模，他为中日的文化交流作出了巨大的贡献。日本人称他为“日本文化的恩人”“日本律宗太祖”等等，并且把他的形象展现在画屏上，搬上舞台和银幕。千百年来，鉴真大师以中日友好的形象永驻中日两国人民的心中。1963年，当鉴真大师逝世一千二百周年的时候，郭沫若先生用四句诗赞颂他：“鉴真盲目渡东海，一片精诚照太清。舍己为人传道艺，唐风洋溢奈良城。”

（五）郑和下西洋

郑和下西洋，这场发生在15世纪初的航海盛事，以其规模之庞大、航迹之广远而称雄于古，蜚声于今，是中国乃至世界航海史上空前的壮举。

1402年，燕王朱棣在“靖难之变”中登上了皇帝的宝座。这位被誉为中国历史上最有作为的帝王之一的明成祖，在对外关系上，发挥了比治理内政更非凡的才干。他不像他的父亲明太祖朱元璋那样消极和保守，果敢地采取了一系列积极的对外政策。在他统治的22年间，可以说是有明一代最活跃的时期。朱棣以燕王身份在北京度过青年时代，这个富有浓厚国际色彩的都市对他产生了深刻的影响。他能具有广阔的国际视野和伟大的抱负，并非偶然。

作为积极的对外政策的一环，朱棣首先筹划进行的便是向海外诸国派遣使节。其目的在于“耀兵异域，示中国富强”，借以树立中国在海外诸国中的威望，并进而发展与海外国家的友好关系和经济往来，以“共享太平之福”。明成祖朱棣大张旗鼓地开展海外邦交活动，主要是通过派遣郑和使团下西洋来付诸实现的。郑和是曾到麦加朝圣的马哈只的次子。他从小在昆明湖边长大，12岁时，明军攻取云南，他被带到了北京燕王藩邸。然而，他得到朱棣的赏识与倚信，是在“靖难之变”中因“出入战阵，多建奇功”得到的机会。朱棣即位后，赐他姓郑，擢升为宦官的最高官职：内宫监太监。在选拔下西洋的指挥官时，郑

和以“姿貌才智，内侍中无与比者”入选，被特任为出使船队的最高统帅。

下西洋的筹备工作，于永乐二年（1404 年）便着手进行了。朱棣令福建等地建造巨船，到闽、浙一带招募水手、火长，在沿海各卫所抽调从征将士，以及预备各种应用物件等等，花费了一年多的时间。待到一应准备均已就绪，永乐三年六月十五日，朱棣诏令出使。一支由领导人员、辅佐人员、技术人员和官军等二万七千余人组成的使团，驾着最大长 44 丈、宽 18 丈的数十艘宝船，从苏州刘家港起航，驻泊福建长乐太平港，于十月后，乘着东北信风扬帆出海，揭开了这场历史性大航海的帷幕。

虽然记录这场伟大航海的档案材料于明代中叶遭毁，给后人了解其详细过程造成了困难，但是，留存至今的长乐《天妃之神灵应记》等碑刻和马欢的《瀛涯胜览》等纪行著作，以及散见于各种正史稗乘中的零星材料，仍能为我们勾画出郑和七下西洋的梗概。

这支堪称当时世界上最庞硕的船队，自福建五虎门出发，首先入港占城，接着沿印度支那半岛而下，过渤泥岛西侧，顺风二十昼夜，抵达爪哇。在那里作短暂停留后，又向西穿过邦加海峡，到了旧港。之后，取西北航路，访问了满剌加、阿鲁、苏门答腊，再西航赴锡兰岛，最后到达印度西南海岸的古里（今科泽科特）。古里，是第一次航行的终点。为了纪念首次远航，他们在这里立碑勒石。完成了使命的郑和，于 1407 年六七月间归国。随同来华的，还有爪哇、满剌加、苏门答腊、古里等国的使节。

这次出使发生了一件值得记述的事情：在东西海上交通的要冲——旧港，有一伙海盗横行海上，掠夺过往客商的财物，劫持各国来华使节，商旅贡使均苦于其害。这伙海盗的头目叫陈祖义，原是广东人，洪武年间因犯事遭缉，遂举家迁居于此。他啸聚盗党，竟也有五千余人。郑和到后，得知此事，遂出兵围歼，一鼓成擒，将陈祖义活捉归国伏诛。肃清海盗，航路清宁，遂使中国与海外诸国间的友好往来得到了保障。

永乐五年（1407 年）九月，朱棣再次命归国不久的郑和出使西洋。这年冬，郑和率

师出发，最终目的地仍是古里。这次航行途中，在锡兰停留时，郑和曾到加勒的寺院祈祷、布施，并立了一座石碑，以记其事。加勒是锡兰的主要贸易港口，也是中国商船经常出入的口岸。郑和于1409年立下的石碑在1911年被发现，至今仍存于斯里兰卡科伦坡博物馆。这块用汉语、泰米尔语、波斯语三种文字镌刻的碑石，其汉文部分记载着郑和等为感谢航海无恙，祈保来日安全向神奉献供品的情况，并列记了布施物品的名类。泰米尔语和波斯语，过去因磨损难于辨认，一向被认为是汉字碑文的译文。后来，这两种文字被识解了，原来所记的内容并非汉语的译文，而是分别表达了对印度教和伊斯兰教的颂扬。这块石碑，体现了明王朝使节对所到国及其宗教信仰的尊重。在加勒立下石碑后，郑和率船离开锡兰，踏上归途，于1409年夏天回到祖国。

当郑和的船队还在归途，1408年正月，明成祖朱棣已经确定了第三次出使的计划。他命令建造海船，以备再下西洋。待到郑和第二次航海归来，他几乎没有喘息的时间，便与同僚王景弘集结舟师于长乐，伺风起航。1409年，郑和统领由四十八艘宝船和二万七千余名人员组成的船队，离开五虎门，开始了第三次远航。与前两次一样，这次的航迹也没有到达古里以远的地方。1411年，郑和归国后，往使诸国均遣使入贡，满剌加国王则亲自来访中国。

完成了三次远航的郑和，这时又接受了新的使命：将要出访印度洋以西的诸国。从此，郑和的航海活动，又进入了一个新的阶段。

在明成祖朱棣在世的六次下西洋中，第三次与第四次间隔时间最长，几近两年半光景。1413年冬，顺着东北吹来的季风，郑和的船队又出发了。船队到达苏门答腊后，从这里分开行走：本队越过阿拉伯海，航抵波斯湾口的要冲忽鲁谟斯；分队则朝印度洋一路西进，顺着至溜山国，再驶向非洲东岸的木骨都束、卜剌哇、麻林，接着北上抵阿拉伯半岛的阿丹、剌撒、祖法儿，再到达忽鲁谟斯，绕印度洋沿岸各国返航。本队于1415年夏天返回，分队则迟了一年。派使节随同船队到中国访问的国家，其范围扩大到了阿拉伯半岛以及非洲东岸。

郑和第五次下西洋，是1416年底决定的。这一次的主要任务是陪送各国来华使节归国，并回访这些国家，于1417年秋离开了中国。同上次一样，郑和率领的本队在到忽鲁谟斯之后便返航了。到溜山国的分队则再次访问了东非和阿拉伯半岛沿岸诸国。

第六次下西洋依旧是短促的。从1421年正月出发，第二年郑和便返航了。而由李兴、周满指挥的分队则到1423年夏天才回国。过了两年，明成祖驾崩了。明宣宗即位后的宣德五年（1430年），年逾花甲的郑和又奉命第七次率师远航。史料详细记载了这次航行的规模。自1431年冬出五虎门，至1433年夏进太仓刘家港，往使国家二十余个。在郑和历次航海中起过重要作用的马欢、费信等人都参加了这次航行。以洪保为指挥的分队还访问了伊斯兰教圣地——麦加。那块至今尚存的记述了七次下西洋重要史料的崇祭天妃海神的碑刻，就是这次航海出发之际，在驻泊港长乐立下的。

当郑和完成了出使任务，从忽鲁谟斯返航途中，这位伟大的航海家不幸于古里逝世，远葬于爪哇三宝垄。他把毕生精力贡献于航海，最后也于海上结束了他半生的航海生涯。人们誉他为“海的儿子”，他是无愧于此的。从1405年到1433年的29年间，他遍访亚非三十余国，活跃在东南亚、印度洋、波斯湾、红海，直至非洲东岸的广阔舞台。

郑和所完成的航海事业，不仅是中国历史上最壮阔的海上活动，也是到他那时，世界上规模最大的海上活动。当欧洲的商船队在郑和舟师活动过的海域露出帆影时，那已是八九十年之后了。郑和下西洋是成功的，它加强了中国与亚非国家间的传统友好关系。在元末明初这种友好关系几乎陷于中断之后，中外关系再度恢复融洽，使海上丝绸之路再度呈现出盛极一时的景象。

郑和下西洋也促进了中外经济文化的交流。虽然郑和的出使，从贸易上讲是一种“朝贡贸易”，但它毕竟沟通了在海禁政策下中断了的中国与亚非国家间的通商往来。郑和实际上既是明王朝的政治使节，又是明政府的通商代表。郑和在亚非国家“颁中华正朔，宣敷文教”，

对于改变一些国家落后的习俗及典章制度起过一定的作用。郑和的航海，还促进了科学技术的交流。中国先进的制瓷、纺织、建筑等技术传入海外各地，而西方诸国的佛教艺术、珍奇动植物的驯养与栽培技术也被带到了中国。

郑和在海上活动了近三十年。他的活动，加深了中国人民与亚非各国人民间的相互了解，为发展人民间的友谊作出了巨大的贡献。海外各地至今还保存着许多有关郑和的古迹，如爪哇的“三宝神庙”等等；还流传着许多动人的民间传说，如泰国的“三宝斗法”等等，这些都表明了人民对郑和的追思之情。郑和，是值得称颂和纪念的，同他一起完成了这一系列航海壮举的知名的、不知名的人们，也是值得赞颂的。

四、海上丝绸之路的历史地位和贡献

海上丝绸之路的影响和历史贡献是多方面的，它在促进人类文明和社会进步、推动世界经济发展方面所起的作用，是不可估量的。归纳起来，至少有以下几个方面：

第一，海上丝绸之路向外传播了中国种桑养蚕和织造丝绸的技术，改善和美化了各国人民的生活，同时也促进了我国丝织工业的发展。如三国时，遣使朱应、康泰访问扶南（今柬埔寨及周边一带）时，那里的男子还处于一丝不挂的愚昧阶段。经康泰建议，开始用中国丝绸制成衣服，才改变了那里百姓的裸体习俗，产生了移风易俗的影响。目前，世界有五十多个国家养蚕，最初饲养家蚕的技术都是直接或间接从我国传入的。它推动了这些国家丝织工业的发展，同时，也为中国蚕丝出口开辟了广阔的国际市场，刺激了我国丝织工业的发展和繁荣，从而促进了我国民族工业的发展。

第二，海上丝绸之路还把中国最早制造的瓷器和四大发明大量传播到世界各地。中国瓷器精美雅致，深受各国人民的喜爱。中国瓷器传入国外以后，改变了其以往使用原始用具的生活习惯，这不仅改善了他们的饮食餐具，也改变了他们旧的生活习惯，美化和丰富了他们的饮食文化。四大发明向国外传播，促进了人类历史前进和社会生产力的发展，对世界各国科学技术、社会经济发展的影响是无法估计的。

第三，海上丝绸之路不仅把中国的文明传播到世界各地，也把世界各地的文明带回了中国，促进了中国社会经济文化的发展。就以香料为例，随着海上丝绸之路的发展，到宋代的各种医学著作中，以进口香料为原料的汤剂、成药不下二三百种。这些都大大促进了我国医学和药物学的提高和发展。此外，从各国传入的特产也

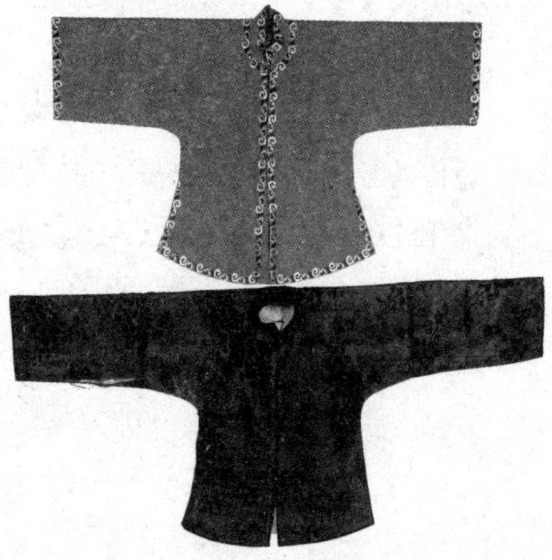

不少，如珍珠、宝石、玻璃、象牙、犀角等等；各种动物如大象、犀牛、长颈鹿、斑马、狮子、老虎等等；各种农作物如棉花、番薯、玉米、向日葵、花生、烟草、西红柿等等。这些特产、动物和农作物正是通过海上丝绸之路传入中国的，它不仅改善和丰富了我国人民的生活，也促进了我国社会经济的繁荣，以及生产力的发展和提高。海上丝绸之路还为中国带来了世界各地的语言、文学、宗教、哲学、医学、天文学、化学、数学、法学、戏曲等等，所有这些对中国科学技术和文化艺术的发展，都产生了巨大的影响，作出了重要贡献。

最后，自唐宋以来，特别是从明代开始，闽粤江浙破产农民、海商为了去海外谋生，冲破海禁，经海上丝绸之路不断漂洋过海到世界各地经商劳动。很多人就留居海外，在当地婚嫁繁衍。这是造成海外侨民人数众多的原因。他们大多数是劳动者，对促进当地工农业生产、商业发展、城市建设、城乡经济和文化发展都作出了有益的贡献。另一方面，虽然他们身在海外，但心系故乡，对中国的建设和革命也曾有过不少贡献。昔日的华侨，经过世代艰苦创业，他们后代中很多人今天已成为外籍华人，是当今海外华商中实力雄厚的企业家。目前，世界上有华侨、华人数千万，他们掌握的资本十分惊人，全球华商的资本积累已波及 132 个国家和地区。如今也有很多海外华侨纷纷回到中国进行创业，为中国的经济发展作出贡献。

可以说，海上丝绸之路不仅将中国五千多年的传统文化传至世界各地，同时，也传入了世界各地的先进文化，世界各民族互相兼容，兼收并蓄，丰富了各自文化的内涵。因此，海上丝绸之路无论是在推动中国历史还是推动整个人类社会的发展上，都是功不可没的。

京杭大运河

京杭大运河是世界上开凿最早、里程最长、工程最大的运河，它对中国南北地区之间的经济、文化发展与交流，特别是对沿线地区工农业经济的发展和城镇的兴起起到了巨大作用。隋朝开凿大运河分为四个阶段，除第一阶段是在隋文帝期间开凿的之外，其余部分都是在隋炀帝的主持下开凿并修建的。

京杭大运河为我国古代的伟大工程，闻名于全世界。

一、隋炀帝其人

（一）少年时代

杨广，历史上称之为隋炀帝，生于569年，是隋朝的开国皇帝杨坚与独孤皇后所生的第二个儿子。

在他12岁以前，他的父亲是北周皇室的姻亲，也是周王朝的股肱大臣，掌握着全国大部分的兵权。身为贵公子的杨广致力于同他一个阶级和时代的共同追求，不知疲倦地朗诵着“四书”“五经”等儒家经典著作，为以后走向仕途、延续家族的荣耀奠基。根据《隋书·炀帝本纪》的记载，少年时候的炀帝勤奋好学，对于文学有着浓厚兴趣，而且有着不低的造诣。少年时候的炀帝非常严肃，举止端庄，有着一种贵公子的派头。

除了每天要读将近十个小时的诗书之外，杨广和他的哥哥弟弟们都十分笃信佛教，因为他们的母亲——独孤皇后是一个虔诚的佛教徒。

作为贵族子弟，接受必要的骑战和狩猎的训练是非常正常的，他们要时刻准备着像他们的祖辈们一样为了王朝的荣耀而战。

但是，581年，后周重臣杨坚，也就是他的父亲，篡夺了后周皇位。这一事情几乎完全改变了杨广和他的四个弟兄的生活。他们从此不再有朝廷大臣之子的那种舒适的、可能显得平凡的童年生活，他们只能过着充满猜忌和倾轧的宫廷生活。杨广和他的兄弟们成了王，并得到了大片的封地和显赫的爵号，但他们也变成了围绕权力中心进行阴谋诡计的工具，在那里，官员、宫廷的宠妃、术士、和尚和庸医们各为私利而钩心斗角。

杨广的第一个官职是新设的华北平原北部的行台尚书令，他当时只是一个13岁的男孩，他的父亲派饱经风霜的文武官员协助他，他们有权，并用权来约

束这位受照顾的幼童。与此同时，他的父亲隋文帝也许出于一统天下的谋略，在后梁为杨广寻找了一个配偶，后梁当时实际上是隋在长江中游的卫星国。经过生辰八字的反复测算，后梁皇室的一个宗女被选为杨广之妻。这位年轻的姑娘有着很好的教养，她聪明好学，很有文才。杨广十分爱她，并尊敬她，她也是杨广的终身伴侣和知心人。也很可能是由于她给他介绍了南方的生活方式，并促使他热爱南方，几乎到了着迷的程度，所以他即位后才那么着迷于京杭大运河的建设，甚至住在扬州都不愿意回到他的都城。

（二）皇储之争

杨广是隋文帝杨坚的第二个儿子，按照中国传统的皇位继承制度，即嫡长子继承制，杨广本没有机会成为皇位的继承者。但是一旦他的哥哥不再受到父亲的喜爱，他就可能一跃而成为帝国的继承人。这种情况在历史上不是没有发生过，杨广心里暗暗与他的哥哥较着劲，因为，他也有可能成为帝国的第二世皇帝。

杨广的哥哥，也就是当朝的太子名叫杨勇，当初，隋文帝让太子杨勇参与决策军国政事，他经常提出批评建议，文帝都采纳了。杨勇性情宽厚，直率热情，平易近人，无弄虚作假的品行。文帝本性崇尚节俭，杨勇曾经在已经很精美华丽的蜀地出的铠甲上再加装饰，文帝看到后很不高兴，他告诫杨勇说："自古以来帝王无一喜好奢侈而能长久的，你作为皇位继承人，应当以节俭为先，这样才能承继宗庙。我过去的衣服，都各留一件，时常取出它们观看以告诫自己。恐怕你已经以当今皇太子自居而忘却了过去的事情，因此我赐给你一把我旧时所佩带的刀，一盒你旧日为上士时常常吃的腌菜。要是你还能记得以前的事，你就应该懂得我的良苦用心。"

文帝对太子有所猜忌还是因为杨勇所做的一件事使他感觉到太子可能对自己的皇位有威胁。那是一年的冬至，百官都去见杨勇，杨勇安排乐队接受百官的祝

贺。文帝知道了这件事，就问朝臣："最近听说冬至那天朝廷内外百官都去朝见太子，这是什么礼法？"太常少卿辛回答："百官到东宫，是祝贺，不能说是朝见。"文帝说："祝贺的人应该三五十人，随意各自去，为什么由有关部门召集，一时间百官都集中起来同去？太子身穿礼服奏乐来接待百官，能这样吗？"于是文帝下诏说："礼法有等级差别，君臣之间不能混杂。皇太子虽然是皇帝的继承人，但从礼义上讲也是臣子，各地方长官在冬至节来朝贺，进献自己辖地的特产，但另外给皇太子上贡，这就不符合典章制度了，应该全部停止。"从此，文帝对杨勇的恩宠开始衰落，渐渐有了猜疑和戒心。

杨勇有很多姬妾，他对昭训云氏尤其宠爱。杨勇的妃子元氏不得宠，突然就得了心疾，两天就死了。独孤皇后认为这里还有别的缘故，对杨勇很是责备，经常派人来窥伺探查，找杨勇的过失和罪过。

杨勇经过上述两件事逐渐失去了父亲和母亲的信任，他的太子之位可谓是岌岌可危。这就给他的弟弟杨广以可乘之机。

有了哥哥的教训之后，杨广就更加伪装自己，他只和萧妃住在一起，对后宫所生子女都不去抚育，独孤皇后因此多次称赞杨广有德行。对于朝廷中执掌朝政的重臣，杨广都尽心竭力地与他们结交。文帝和独孤皇后每次派身边的人到杨广的住处，无论来人的地位高低，杨广必定和萧妃一起在门口迎接，为来人摆设盛宴，并厚赠礼品。于是来往的奴婢仆人没有不称颂杨广为人仁爱贤孝的。文帝与独孤皇后曾经驾临杨广的府第，杨广将他的美姬都藏到别的房间里，只留下年老貌丑之人，身着没有纹饰的衣服来服侍伺候。房间里的屏帐都改用朴素的幔帐，断绝琴瑟丝弦，不让拂去上面的灰尘。文帝看到这种情况，以为杨广不爱好声色，返回皇宫后，告诉侍臣这一情况。他感到非常高兴，侍臣们也都向文帝祝贺。从此，文帝喜爱杨广超出别的儿子。

不但如此，杨广的容貌俊美，举止优雅，性情聪颖机敏，性格深沉持重，

喜好学习，擅长作文章，对朝中之士恭敬结交，待人非常礼貌谦卑，因此他的声誉很盛，高于文帝其他的儿子。

杨广不但擅长伪装自己，取得父皇和皇后的欢心，而且还广结朝廷重臣，如宇文述、张衡、杨约、杨素等等，这些朝廷重臣也知道太子早已不得皇上和皇后的欢心，早晚都会被废黜，所以更加尽心地为杨广取代杨勇而努力，所以他们不断罗织太子的罪名奏报给皇帝和皇后，使他们对太子的印象愈加恶劣。终于在开皇二十年的冬季，文帝将杨勇和他封王封公主的子女都废为庶人。同年的十一月，杨广被文帝立为太子。四年之后，文帝去世，杨广就成为隋朝的第二代皇帝，是为隋炀帝。

（三）大兴土木

杨广一旦成为了至高无上的皇帝，便再也没有人能够管得住他了，于是，压抑了十多年的本性便显露无疑。杨广非常喜欢营建各种各样的宫室建筑、亭台楼阁。在他即位第一年的三月，他就下诏派杨素等营建东京洛阳，每个月役使壮丁二百万人，并迁徙洛州城内的居民和各州的富商大贾几万户充实东京。废弃二崤道，开辟册道。

之后不久，他又命令宇文恺和封德彝等人营建显仁宫，征调大江以南、五岭以北的奇材异石，输送到洛阳；又搜求海内的嘉木异草、珍禽奇兽，用以充实皇家园苑。

然后，又命令尚书右丞皇甫议征发河南、淮北各郡的百姓前后一百余万人，开辟通济渠。从西苑引谷水、洛水到黄河，又从板渚引黄河水经过荥泽进入汴水，从大梁以东引汴水进入泗水到淮河。又征发淮南的百姓十余万人开凿邗沟从山阳（今淮阴）到杨子（今扬州三汊河附近）入长江。这就是所谓的京杭大运河。

通济渠宽四十步，渠两旁都筑有御道，栽种柳树。从长安到江都设置离宫四十余所。庚申（三十日），派遣黄门侍郎王弘等人到江南建造龙舟和各种船只几万艘。东京的官吏监督工

程严酷急迫，服役的壮丁死去十之四五。有关部门用车装着死去的役丁，东到城皋，北至河阳，载尸之车连绵不断。

即位后的第五个月，他又马不停蹄地营建西苑，这个院子方圆二百里，苑内有海，周长十余里。海内建造蓬莱、方丈、瀛洲诸座神山，山高出水面百余尺，台观殿阁，星罗棋布地分布在山上，无论从哪方面看都如若仙境。苑北面有龙鳞渠，曲折蜿蜒地流入海内。又沿着龙鳞渠建造了十六院，院门临渠，每院以一名四品夫人主持，院内的堂殿楼观，极端华丽。宫内树木秋冬季枝叶凋落后，就剪彩绸为花和叶缀在枝条上，颜色旧了就换上新的，使景色常如阳春。池内也剪彩绸做成荷、芰、菱、芡。炀帝来游玩，就去掉池冰布置上彩绸做成阳春美景。十六院竞相用珍馐百味一比高低，以求得到炀帝的恩宠。炀帝喜欢在月夜带领几千名宫女骑马在西苑游玩，他作《清夜游曲》，在马上演奏。

炀帝没有一天不在营建宫室，两京以及江都，苑囿亭殿虽然很多，时间久了炀帝仍感到非常厌倦，每次游玩，左顾右盼，觉得这些宫殿苑林都没有中意的，不知道怎么是好。于是遍求天下山川图册，亲自察看，以寻求名胜之地营造宫苑。第二年的四月，炀帝又下诏在汾州之北，汾水的源头营建汾阳宫……

数不胜数的宫殿，蜿蜒千里的运河还是不能满足炀帝那穷奢极欲的心，他认为一个皇帝还应当开拓边疆，于是极度膨胀的心理让他穷兵黩武，对高句丽连续发动了三次战争。

（四）三征高句丽

612年，炀帝御驾亲征，并下讨高句丽檄文。各路汇集到涿郡的隋军人马已达113万之众。旌旗千里，《隋书》称：“近古出师之盛，未之有也。”隋军第一路人马出发40天，涿郡的队尾才走完，隋炀帝的御营就绵延80里之长。杨广出师前曾训示要“吊民伐罪，非为功名”，诸将不得纵兵，不得擅杀，听候指示，不可擅自做主。炀帝以此宣扬天朝大国的威仪仁义，襄公之仁，反被高句丽所乘。隋军开始很顺利，一路皆克。渡过辽河，在东岸歼灭高句丽军万余

人，直抵辽阳城下。辽阳乃高句丽辽东重镇，在隋军的猛攻之下，守军请降，而诸将不敢做主，只好停战请示。守军趁机又填好缺口，修整兵马再战，如此竟然有三次之多。另一路军队 30 万人由名将宇文述统领，令士兵放弃粮草轻装前进，绕过辽东诸城，南渡鸭绿江，一日七胜，渡过清川江，直趋平壤城下，但城坚池深，兵又无粮，又冻又饿，宇文述只得退军，高句丽军自后追击，诸军皆溃，至辽东时仅余 2700 人。隋水军渡海至大同江口登陆，在距平壤 60 里处击败高句丽军，乘胜以精兵 4 万攻城，遭遇伏击大败，还者不过数千人。征高句丽两路皆先胜后败，炀帝亲率大军亦困于坚城之下，不得已，下令班师。炀帝一征高句丽以惨败告终，隋军损失 30 余万人。

613 年炀帝再次亲征高句丽，此次隋军包围辽阳城，昼夜不停地猛攻 20 余日，辽阳岌岌可危，但此时后方负责督运粮草的杨玄感叛乱，炀帝不得不撤兵回国平乱，军资、器械等皆弃之而去。第二次征高句丽虽未大败，但半途而废没达到任何目的。

614 年炀帝三征高句丽，隋军在卑沙城（今辽宁金县东大黑山）大败高句丽军。高句丽与隋接连三年的战争，国力早已不支，几乎到了山穷水尽的地步，只好向炀帝称臣请和，并且送还了逃到高句丽的隋朝叛将斛斯政。炀帝也乐得有个台阶，挽回了前两次失败之辱，加之此时隋国内早已因征讨高句丽而怨声载道，天下骚动。“群盗蜂起，不可胜数”，遂罢兵许和。后来炀帝下诏四征高句丽，然而，连年征战的国内也是民情汹汹、危机四伏，历史没有留给隋炀帝收复东北的机会，反而使他成为了一个亡国之君。

（五）民情汹汹

由于隋炀帝在大兴土木、过度役使民力之后，又连年征战，弄得民不聊生。所以从 610 年开始农民起义此起彼伏。

610 年，有壮士数十人，白衣白冠，焚香持花，自称弥勒佛，进入建国门（端门）。守门官兵都叩头礼拜。壮士夺取武器，进入宫内，与齐王

杨暕的卫兵互斗，壮士斗败被杀死。这数十个壮士的行动，显然是隋末农民大起义的第一个信号。

611年广东人朱崖起兵反隋。同年，齐郡邹平（今山东邹平县）人王薄聚众据长白山（山在山东邹平县）起义；平原郡（治安乐，山东德县）豪强刘霸道据豆子，聚众至十余万人，号称“阿舅”军；漳南（山东平原县、恩城西北）勇士孙安祖拒绝当兵，被县官笞辱，得同县豪侠窦建德的助力，聚众数百人，入高鸡泊反隋；蓨县（今河北景县）人高士达在清河境内聚众，自称东海公。

612年，杜彦冰、王润等攻破平原郡城；济北郡人韩进洛聚众数万反隋。济阴郡人孟海公聚众数万反隋；北海郡（治益都，山东益都县）人郭方预聚众三万人反隋；济北郡人甄宝车，聚众万余人，攻夺城邑；清河郡人张金称、渤海郡（治阳信，山东阳信县）人孙宣雅、平原郡人郝孝德、北海郡人郭方预、河间郡（治河间，河北河间县）人格谦，各拥众数万或十余万人反隋；济阴郡人吴海流、东海郡（治朐山，江苏东海县）人彭孝才聚众数万人反隋；东阳郡（治金华，浙江金华市）人李三儿、向但子聚众万余人反隋；扶风郡（治雍，陕西凤翔县）沙门向海明自称弥勒出世，聚众数万人反隋，自称皇帝；杜伏威、辅公祏在淮南聚众反隋。

614年，隋炀帝又征发全国兵士和民夫，发动第三次侵略战争，这时候农民起义更是风起云涌。扶风郡人唐弼起兵，有众十万人，立李弘为天子，自称唐王；延安郡（治肤施，陕西延安县）豪帅刘迦论自称皇王，有众十万；豪帅郑文雅、林宝护等率众三万，攻破建安郡城；炀帝自辽东回洛阳，邯郸县（河北邯郸县）豪帅杨公卿率八千人，袭击隋军后队；豪帅司马长安攻破长平郡城（山西高平县）。615年，攻破西河郡城（山西汾阳县）；离石郡（治离石，山西离石县）匈奴人刘苗王自称天子，有众数万；汲郡（治卫，河南汲县）豪帅王德仁聚众数万，据林虑山（在河南林县境）；齐郡孟让自长白山出击诸郡县，至盱眙（江苏盱眙县），据隋都梁宫，有众十万；涿郡豪帅卢明月聚众十万，屯祝

阿（山东省济南市长清区）。

615年，齐郡豪帅颜宣政聚众反隋；豪帅杨仲绪率众万余攻北平郡城（河北卢龙县）；上谷郡（治易，河北易县）豪帅王须拔自称漫天王反隋；淮南人张起绪聚众三万人反隋；彭城人魏麒麟聚众万余人，攻鲁郡城（山东兖州）；东海豪帅李子通有众万人，渡淮，自称楚王，攻江都。

616年，雁门郡人翟松柏据灵丘（山西灵丘县），聚众数万人，转攻旁县；东海郡人卢公暹据苍山（山东临沂县东），聚众万余人；历山飞别部甄翟儿率众十万攻太原，隋将战败被杀；冯翊郡（治冯翊，陕西大荔县）人孙华聚众，自称总管；高凉郡通守冼珤彻（珤同宝）起兵反隋，岭南少数民族多起兵响应；豪帅赵万海聚众数十万人，自恒山郡（治真定，河北正定县）攻高阳县（河北高阳县）；安定郡（治安定，甘肃泾川县）人荔非世雄据临泾县（甘肃镇原县）聚众，自称将军；东郡（治白马，河南滑县）人翟让在瓦岗（在滑县境）聚众，单雄信、徐世勣等人各聚众来归附。又有豪帅王伯当等人归附，李密自杨玄感失败后，也归附之。

到617年，农民起义和隋官割据摧毁了隋统治，隋炀帝只好在江都等待死亡。

（六）炀帝之死

隋炀帝无法收拾时局，逃到江都后，愈益荒淫无度。宫中立百余房，各居美女多人，每日一房轮流做主人，隋炀帝与萧后等率侍女千余人就房饮酒，杯不离口，昼夜昏醉。他心里发慌，常对萧后说："外面大有人图侬（我），且不管他，快乐饮酒吧！"有一次，他取镜照面，对萧后说："好头颈，不知该谁来斩它！"萧后惊问缘故，他强笑道："贵贱苦乐，没有一定，斩头也不算什么！"当然，他是不肯束手等死的，618年，炀帝想迁都丹阳（江苏南京市），令民众给他修筑宫室。当时江都粮竭，随从卫士多关中人，谋逃归乡里。右屯卫将军宇文化及等隋官煽动卫士，得数万人，攻入宫中。隋炀帝换服装逃到西阁，被隋叛官捕获。叛官们拔刀监视，隋炀帝问："我

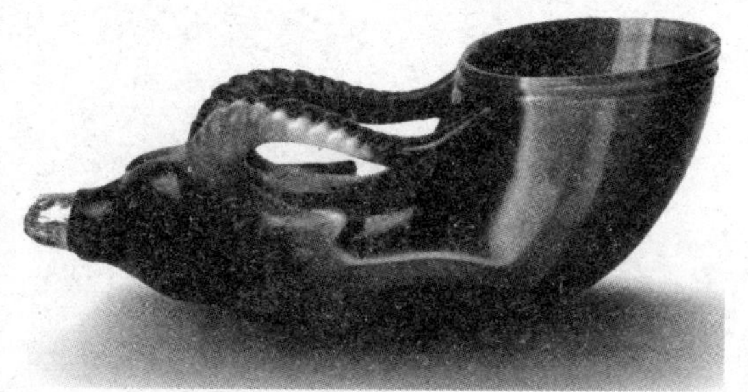

犯什么罪?”叛官们说:“你轻动干戈,游玩不息,穷奢极侈,荒淫无度,专任奸邪,拒听忠言,使得丁壮死在战场,女弱填入沟壑,万民失业,变乱四起,你还说什么无罪!”隋炀帝说:“我实在对不起百姓,至于你们,跟着我享尽富贵荣华,我没有对不起你们。今天的事,为首是谁?”叛官们说:“全国同怨,何止一人。”隋炀帝承认对不起百姓,还算是临死时认了罪。他要求饮毒酒自杀,叛官们不许。隋炀帝怕刀杀,自解巾带给叛官们,这个“罄南山之竹,书罪无穷;决东海之波,流恶难尽”(李密宣布隋炀帝十大罪状檄中语)的隋炀帝就这样被缢杀了。隋炀帝被杀,隋朝实际上已经灭亡。

二、京杭大运河

（一）运河概况

京杭大运河是世界上开凿最早、里程最长、工程最大的运河。北起北京（涿郡），南到杭州（余杭），全长1794公里。京杭运河对中国南北地区之间的经济、文化发展与交流，特别是对沿线地区工农业经济的发展和城镇的兴起均起了巨大作用。京杭大运河也是最古老的运河之一，它和万里长城并称为我国古代的两项伟大工程，闻名于全世界。

（二）沿线地理

京杭运河北起北京，南达杭州，流经北京、天津、河北、山东、江苏、浙江六省市，沟通了海河、黄河、淮河、长江和钱塘江五大水系，全长1794公里，相当于苏伊士运河的10倍多，巴拿马运河的22倍，是世界上最长的人工河流，也是最古老的运河之一。

运河区位于沧州市区西半部，京杭大运河（亦称南运河）两岸。地处冀中平原东部，系黑龙港河流域，即北纬38° 13′ 00″ 至38° 24′ 51″ ，东经116° 47′ 至116° 57′ 14″ 。东以南北大街为界，与新华区近邻，南、西、北三面皆与沧县接壤，南北长15公里，东西长13公里。市区约17.5平方公里，余为农村，呈“U”型围绕城区。

运河区系冲积平原，地势西南高、东北低，最高为海拔10.9米，最低海拔6.0米。地势构造属华北陆台部分，基部构造处于沧县隆起与黄骅拗陷交界处的古生代地层，上多覆盖巨厚新生代沉积物。该区浅层地下水赋存于第四纪晚期全新统地层中。土壤分布复杂，大部分

为潮土，有黏土和沙土。属温带半温润大陆性气候，春旱、夏涝、秋爽、冬干已成规律，四季分明。年均气温 13.4 度，无霜期平均 198 天。全年日照时数为 2840 小时，日照率为 66%。平均降水量为 612.3 毫米，其中 60%以上集中在七八两个月。年蒸发量为 1853.4 毫米，地表水贫乏。地下水平均值 1638 万立方米，属缺水区。水质以运河为界，运西大部分为淡水，运东多为咸水。南湖为淡水养殖渔场，储量曾达 12 万立方米，另有一温泉，水温 51 度，出水量每小时 90 立方米。植被以人工栽种的杨、柳、榆、槐、桐、椿、梨、桃、杏、葡萄、枸杞、紫穗槐等乔灌木为主，地表作物主要有小麦、玉米、豆子和各类蔬菜，自然杂草有十余种，城区绿化和花卉养殖逐年增加，改善了生态环境。辖区总面积 20.65 万亩，其中耕地面积 9.05 万亩。至 2002 年底粮食作物占地 57810 亩，蔬菜占地 10695 亩。农业人口 6.2 万人，人均耕地 1.46 亩。非农业人口 19.92 万。全区人口总计 26.12 万人， 全区人口中以汉族居多，另有回、满、蒙古等 17 个少数民族。

（三）历史沿革

在我国历史上，京杭大运河的开凿工程主要经历了三个时期：

第一个时期是东周春秋时期。位于东南吴国的国王夫差，为了争霸中原，向北扩张势力，在公元前 486 年引长江水经瓜洲（今江苏省邗江县南部）北入淮河。这条联系江、淮的运河，从瓜洲到末口（今淮安附近），当时称为邗沟，长约 150 公里。这条运河就是京杭大运河的起源，是大运河最早的一段河道。后来，秦、汉、魏、晋和南北朝又相继延伸了河道。

第二个时期是隋朝时期。6 世纪末到 7 世纪初，大体在邗沟的基础上拓宽、裁直，形成大运河的中段，取名曰山阳渎。在长江以南，完成了江南运河，这是大运河的南段。实际上，江南运河的雏形已经存在，并且早就用于漕运。“漕”是利用水路运送漕米到集中地点的意思。漕运是我国历史上一项重要的经

济制度，用今天的话来说，就是利用水道（河道或海道）调运粮食（主要是公粮）的一种专业运输。我国的封建王朝，向农户征收地租和田赋，在很长时期内，采取征收实物的办法。这些王朝又大都建都在西北和北方的城市，而附近地区所产的粮食，不能满足京城的需要。因此，把其他地区征收的粮食调运到京城，就成为一项重要的政治措施，为封建统治者所重视。在这种情况下，漕运在我国历史上形成过一套较完整的制度，并有相应的一套管理系统。漕运用的船，叫做漕船。漕船载运的粮、米，叫做漕粮、漕米。驾驶漕船的军队和民工，叫做漕军、漕丁和漕夫。许多朝代都设专管漕运的官员。远在秦汉时代，我国史书就已经有了关于漕运的记载，到了隋朝，漕运更有了进一步的发展。

第三个时期是元朝时期。元朝定都大都（今北京）后，要从江浙一带运粮到大都。但隋朝的大运河，在海河和淮河中间的一段，是以洛阳为中心向东北和东南伸展的。为了避免绕道洛阳，裁弯取直，元朝就修建了济州、会通、通惠等河，明、清两代，又对大运河中的许多河段进行了改造。

一是开凿济州河和会通河。从元朝都城大都（今北京市）到东南产粮区，大部分地方都有水道可通，只有大都和通州之间、临清和济州之间没有便捷的水道相通，或者原有的河道被堵塞了，或者原来根本没有河道。因此，南北水道贯通的关键就是在这两个区间修建新的人工河道。在临清和济州之间的运河，元朝分两期修建，先开济州河，再开会通河。济州河南起济州（今济宁市）南面的鲁桥镇，北到须城（在今东平县）的安山，长150里。人们利用了有利的自然条件，以汶水和泗水为水源，修建闸坝，开凿渠道，以通漕运。会通河南起须城的安山，接济州河，凿渠向北，经聊城，到临清接卫河，长250里。它同济州河一样，在河上也建立了许多闸坝。这两段运河凿成后，南方的粮船可以经此取道卫河、白河，到达通州。

二是开凿坝河和通惠河。由于旧有的河道通航能力很小，元朝很需要在大都与通州之间修建一条运输能力较大的运河，以便把由海运、河运集中到通州的粮食，转运到大都。于是相继开凿了坝河和通惠河。首先兴建的坝河，西起大都光熙门（今北京东直门北面，当年这里是主要粮仓

所在地)，向东到通州城北，接温榆河。这条水道长约 20 多公里，地势西高东低，差距 20 米左右，河道的比降较大。为了便于保存河水，利于粮船通航，河道上建有七座闸坝，因而这条运河被称为坝河。后来因坝河水源不足，水道不畅，元朝又开凿了通惠河。负责水利的工程技术专家郭守敬，先千方百计开辟水源，并引水到积水潭集蓄起来，然后从积水潭向东开凿通航河段，经皇城东侧南流，东南去文明门（今北京崇文门北)，东至通州接白河。这条新的人工河道，被忽必烈命名为通惠河。通惠河建成后，积水潭成了繁华的码头，“舳舻蔽水”，热闹非常。

元朝开凿运河的几项重大工程完成后，便形成了今天的京杭大运河。京杭大运河利用了隋朝的南北大运河不少河段，如果从北京到杭州走运河水道，前者比后者缩短了 900 多公里的航程。

目前，京杭运河的通航里程为 1442 千米，其中全年通航里程为 877 千米，主要分布在黄河以南的山东、江苏和浙江三省。

三、隋炀帝与大运河

一提到隋炀帝杨广，我们就会不由自主地想到大运河。同样，一旦提起京杭大运河，我们就不能不提到隋炀帝，因为，是隋炀帝下令修建了这条世界上开凿最早、流程最长的人工河道。而且后世的很多人认为正是隋炀帝下令修建运河，过度地役使民力才导致了隋朝的灭亡。所以，隋炀帝注定与运河有着难以割舍的缘分，是隋炀帝成就了这千古一河，也是这千古一河至今仍使大家在思考隋炀帝，思考他究竟出于什么原因要修建大运河，是不是因为运河才导致了隋朝覆亡？

（一）开凿原因

大运河是世界上开凿时间最早、流程最长的人工运河。其部分段落始建于春秋时期，至隋炀帝时全线开凿贯通，经唐宋时期的发展，最终在元代形成现在的规模，明清两代又有不同规模的改造和整修。

而对于隋炀帝开凿运河的动机，自古至今，见仁见智，多有争论。有“贪恋江都美景”之说，有“搜刮江南财富”之说，有“耀兵江南、挖掉王气”之说，有“攻打高句丽”之说。

有很多人认为“开凿大运河是隋炀帝贪恋江都美景之果”。将“想游玩江都”视作隋炀帝开凿运河的唯一动机，那是失之偏颇的。但是，隋炀帝开凿南北大运河毕竟是有其个人欲望的。张昆河在评论隋炀帝开运河时说：“按理言之，实皆有利于国家民生，然出于君王游幸之意，且操之过急，民力疲弊，遂为亡国之虐政矣！”说隋炀帝贪恋江都之美景，这是事实。当年，隋文帝因为晋王杨广有平陈之威望，将他从并州总管调往扬州，任扬州总管，镇江都。杨广在江都的时间不算短，从开皇十年

(590年）任扬州总管开始，直到开皇二十年（600年）他被立为皇太子后，才离开江都，前后有十一年之久。当时的江都郡，是个繁荣富庶、人才荟萃的历史文化名城，曾享有“天下第一”的盛名。洪迈《容斋随笔》卷九《唐扬州之盛》曾说扬州商贾如织，故谚称“扬一益二”，谓天下之盛，扬为一而蜀次之也。诗人杜荀鹤《送蜀客游维扬》诗中说：“见说西川景物繁，维扬景物胜西川。”可见“扬一益二”是当年流行的谚语。据《隋书·地理志》的记载，江都郡辖有十六个县，是当时江南地区辖县多、人口众的雄藩大郡。从遗留下来的杨广咏扬州的诗文来看，杨广喜爱江都，不仅是因为江都是个雄藩大镇，还有所喜欢的江都春江花月之美色。他的《春江花月夜》诗的第一首云：“暮江平不动，春花满正开。流波将月去，潮水带星来。”这首诗确实写出了扬州临江的秀丽风光。传说《春江花月夜》是陈后主叔宝所创之调，但其作品于今已不传，杨广能用它咏扬州之景色，说明他具有相当的文学素养。

隋炀帝留恋江都、欣羡江都、三下江都是有历史根据的。所以，唐宋人的传奇小说，如宋人作《开河记》等写隋炀帝由于怀念江都美景，并为挖掉睢阳王气，而兴工开凿南北大运河。但这仅是隋炀帝开凿大运河动机之一，不能视作根本原因，更不能看成“唯一原因”。对此，唐人许棠已看出了隋炀帝当时开通运河的真实意图了。他在《汴河十二韵》中说：“昔年开汴水，无应别有由，或兼通楚塞，宁独为扬州?”隋炀帝坐镇江都十余年，贪恋江南之物产，固然是一个方面。隋炀帝开凿江南运河也说是“欲东巡会稽”，这种巡游，固然有享乐成分，如三下江都，但不可能一概以单纯的享乐视之，否则，西巡陇右和北巡雁门就无从解释，因为那些地方并非“游幸之地”。开凿江南运河前一年，隋炀帝对给事郎蔡征说：“自古天子有巡狩之礼，而江东诸帝多敷脂粉，坐深宫，不与百姓相见，此何理也?”答曰：“此其所以不能长世。”在此十分明确地讲了两层意思：其一，隋炀帝凿运河是与巡游联系在一起的，他不愿“坐深宫”，他要沿河到各地去“察看”；其二，隋炀帝开凿运河想从根本上解决新建王朝

“不能长世”的问题。换言之，隋炀帝四出巡狩，主要是想遵循“天子有巡狩之礼”的古训，履行帝国天子职责，通过巡游了解下情，巩固统治，而不愿效南朝“亡国之君”。此“巡狩”显然不是单纯的享乐、游玩，而是一种军事和政治的示威。

有的论著说，隋炀帝采取断然措施，开凿大运河的动机“纯属搜括江南财富和个人巡游享乐”。用“纯属”两字判断动机的唯一性，也是失之偏颇的。持有此论者否定了开凿运河和攻打高句丽的关系以及其他方面的因素。《资治通鉴》有一段话：隋炀帝将幸江都，“以诗留别宫人曰：我梦江都好，征辽亦偶然。”乍看隋炀帝征高句丽是在开凿运河之后将幸江都之时的偶然决策。其实不然。隋炀帝这句诗，实际上是一种“戏言”。征辽这样的大事，哪里可能是“偶然”的呢？隋炀帝对高句丽的征战，决非一时心血来潮的偶然决策。据《资治通鉴》记载，当隋文帝知高句丽王高汤“闻陈亡，大惧，治兵积谷，为拒守之策”后，就曾赐玺书斥责高汤曰：“虽称藩附，诚节未尽”，并警告说，王若不“洗心易行，率由宪章”，“朕若不存含育，责王前愆，命一将军，何待多力！殷勤晓示，许王自新耳！”隋文帝的决策显然影响着隋炀帝，隋炀帝自己也把征高句丽称作“承先旨”（《隋书·艺术传》）。当年杨谅等率百万之众，攻打高句丽，因“馈运不断，军中乏食”等原因而惨遭失败。“兵马未动，粮草先行”，此为军事常识。“承先旨”而征高句丽的隋炀帝也深明此理。所以，隋炀帝即位后，首先下令开凿南北大运河，以满足攻打高句丽的需要。据《隋书·阎毗传》载隋炀帝“将兴辽东之役，自洛口开渠，达于涿郡，以通运漕。毗督其役”。这里充分说明，隋炀帝开凿北运河是有其攻打高句丽的军事目的的。

还有的论著说，“挖掉睢阳王气”实为隋炀帝兴工开凿南北大运河的动机。“实为”两字又言重了，把其他因素又排斥了。据明齐东野人所编《隋炀帝艳史》云，听得耿纯臣奏，睢阳有天子气现，昔秦始皇时，金陵亦有王气出现，始皇使人凿断砥柱，后来王气遂灭。如凿河从睢阳境中穿过，天子之气必然挖断。此河一成，又不险，又不远，又可除此后患，岂

不美哉。隋炀帝听后甚喜。于是决定凿河。在《艳史》中作了这样的描写：当凿到了睢阳境时，有一所古时的堂屋拦住了运河的开凿，四周都是白石砌成，十分坚固，用锹锄铲锤，无动分毫，传令石匠去凿，也不曾留一个痕迹。在门上，用硕大的石柱板挂起来去撞，也无动分毫。在《隋史遗文》又作演为人之阻拦。当运河凿到睢阳时，令城中百姓搬迁，拆毁房屋以利兴工。城中官民不肯，纷纷向河官要求改道，其中一百八十家大户，凑有黄金三千两去进贡官吏，以求改道。河官搬出圣旨，说是奉旨开凿此城，泄去王气。明代小说源于唐人传奇《开河记》，小说固非信史，但多少反映了当时的社会“习俗”，所谓凿穿王气，实质反映着巩固隋王朝的强烈要求。

隋炀帝开凿南北大运河的动机和目的不是单一的，应该说，是各种因素的综合。所以，对此要进行综合分析。综合分析法是数学解题思想中最基本的方法，同时也是看待历史事件的历史唯物论。所谓综合法，是指“由因导果”的思想方法，所谓分析法，是指“执果索因”的思想方法。这两种思维都不是从一方漫无边际地发展，而是对综合因素所作的探索。开凿运河既有贪恋江都美景的动机，又有搜刮江南财富的目的；既有耀兵江南、挖掉王气的动机，又有攻打高句丽的目的。其工程是伟大的综合工程，其动机也是多种因素的综合。而其主体动机则在于促进南北经济的发展，以巩固其统治。这一动机，也许对隋炀帝个人来说并不明晰，但作为一个统治集团，是会考虑到这一点的。

凡事仅有主观动机，而没有客观条件相配合，也是难以完成。隋炀帝开凿南北大运河这件事也不例外。《隋炀帝大传》对当时开凿大运河的条件有所叙述，其条件是：一，南方经济之发展；二，割据政权之消除；三，开凿技术之积累；四，有贯通南北水运的某些基础。

开凿运河在隋代乃至中国历史上是一件大事。没有主观的动机，就会贻误时机；有了动机而无条件，事情就办不好。到隋代，条件已具备，隋炀帝开凿运河的决心很大，于是这一大工程在数年间兴办起来了。

（二）开凿历程

大运河的开凿早在春秋战国时期就已经开始了，但是真正形成京杭大运河如今的局面，却是在隋朝时期，确切地说，是在隋炀帝在位期间。隋朝开凿大运河分为四个阶段，除第一阶段是在隋文帝期间开凿的之外，其他的大部分都是在隋炀帝的主持下开凿并修建的。

一是开凿东通黄河的广通渠。隋朝开始修建的一条重要的运河是从长安东通黄河的广通渠。隋初以长安为都。从长安东到黄河，西汉时有两条水道，一条是自然河道渭水，另一条是汉朝修建的人工河道漕渠。渭水流浅沙深，河道弯曲，不便航行。由于东汉迁都洛阳，漕渠失修，早已湮废。隋朝只有从头开凿新渠。开皇元年（581 年）隋文帝即命大将郭衍为开漕渠大监，负责改善长安、黄河间的水运。但建成的富民渠仍难满足东粮西运的需要，三年后又不得不再一次动工改建。这次改建，要求将渠道凿得又深又宽，可以通航“方舟巨舫”。改建工作由杰出的工程专家宇文恺主持。在水工们的努力下，工程进展顺利，当年竣工。新渠仍以渭水为主要水源，自大兴城（今西安市）至潼关长达 300 余里，命名为广通渠。新渠的运输量大大超过旧渠，除能满足关中用粮外，还有很大富余。

二是整治南通江淮的御河。隋炀帝即位后，政治中心由长安东移洛阳，很需要改善黄河、淮河、长江间的水上交通，以便南粮北运和加强对东南地区的控制。大业元年（605 年），隋炀帝命宇文恺负责营建东京洛阳，每月役丁 200 万人。同时，又令尚书右丞皇甫议，“发河南淮北诸郡男女百余万，开通济渠”。此外，还征调淮南民工十多万，扩建山阳渎。工程规模之大、范围之广，都是前所未有的。通济渠可分东西两段。西段在东汉阳渠的基础上扩展而成，西起洛阳西面，以洛水及其支流谷水为水源，穿过洛阳城南，到偃师东南，再循洛水入黄河。东段西起荥阳西北黄河边上的板渚，以黄河水为水源，经今开封市及杞县、睢县、宁

陵、商丘、夏邑、永城等县，再向东南，穿过今安徽宿县、灵璧、泗县，以及江苏的泗洪县，至盱眙县注入淮水。两段全长近两千里。山阳渎北起淮水南岸的山阳（今江苏淮安市），径直向南，到江都（今扬州市）西南接长江。两渠都是按照统一的标准开凿的，并且两旁种植柳树，修筑御道，沿途还建离宫四十多座。由于龙舟船体庞大，御河必须凿得很深，否则就无法通航。通济渠与山阳渎的修建与整治是齐头并进的，施工时虽然也充分利用了旧有的渠道和自然河道，但因为它们有统一的宽度和深度，因此，主要还要依靠人工开凿，工程浩大而艰巨。可是历时很短，从三月动工，到八月就全部完成了。隋炀帝立刻从洛阳登上龙舟，带着后妃、王公、百官，乘坐几千艘舳舻，南巡江都。这是中外工程史上的奇迹，当然，代价是极其高昂的。在凿渠和造船过程中，“役丁死者什四五”。

三是修建北通涿郡的永济渠。在完成通济渠、山阳渎之后，隋炀帝决定在黄河以北再开一条运河，即永济渠。大业四年（608 年），“诏发河北诸郡男女百余万，开永济渠，引沁水南达于河，北通涿郡”（《隋书·炀帝纪》上）。永济渠也可分为两段：南段自沁河口向北，经今新乡、汲县、滑县、内黄（以上属河南省）、魏县、大名、馆陶、临西、清河（以上属河北省）、武城、德州（以上属山东省）、吴桥、东光、南皮、沧县、青县（以上属河北省），抵今天津市；北段自今天津折向西北，经天津的武清、河北的安次、到达涿郡（今北京市境）。南北两段都是当年完成。永济渠与通济渠一样，也是一条又宽又深的运河，据载全长 1900 多里。深度多少，虽不见文字，但大体上说，与通济渠相当，因为它也是一条可通龙舟的运河。大业七年（611 年），炀帝自江都乘龙舟沿运河北上，带着船队和人马，水陆兼程，最后抵达涿郡。全程 4000 多里，仅用了 50 多天，足见其通航能力之大。

四是疏浚纵贯太湖平原的江南河。太湖平原修建运河的历史非常悠久。春秋时的吴国，即以都城吴（今苏州市）为中心，凿了许多条运河，其中一条向北通向长江，一条向南通向钱塘江，这两条南北走向的人工水道，就是最早的

江南河。这条河在秦汉、三国、两晋、南北朝时，进行过多次整治，到了隋炀帝时又下令作进一步疏浚。《资治通鉴》卷一八一记载：“大业六年冬十二月，敕穿江南河，自京口至余杭，八百余里，广十余丈，使可通龙舟，并置驿宫、草顿，欲东巡会稽。”会稽山在今浙江省绍兴市东南，相传夏禹曾大会诸侯于会稽，秦始皇也曾登此山以望东海。隋炀帝好大喜功，大概也要到会稽山，效仿夏禹、秦始皇的故事。

在以上这些渠道中，隋炀帝在位期间所开凿的通济渠和永济渠是这条南北大运河中最长最重要的两段，它们以洛阳为起点，成扇形向东南和东北张开。洛阳位于中原大平原的西缘，海拔较高，运河工程充分利用这一东低西高、自然河道自西向东流向的特点，开凿时既可以节省人力和物力，航行时又便于船只顺利通过。特别是这两段运河都能够充分利用丰富的黄河之水，使水源有了保证。开凿这两条最长的渠道，前后仅用了六年的时间。隋炀帝时期开凿的大运河，史称南北大运河，正是隋炀帝的这次开凿，才使得运河能够贯穿我国南北。

（三）千秋功过

让我们先看两首关于大运河的古诗：

汴水

胡曾

千里长河一旦开，亡隋波浪九天来。
锦帆未落干戈过，惆怅龙舟更不回。

汴河怀古

皮日休

尽道隋亡为此河，至今千里赖通波。
若无水殿龙舟事，共禹论功不较多。

自古以来，关于大运河的争论就从没有停止过，大部分人秉持儒家的观点，认为作为皇帝应该爱惜民力，不能过度役使民力，

使得农业生产无法进行。但是也有人看到了大运河给社会经济发展带来的巨大经济效益，从而认为隋炀帝开凿大运河是对中国社会经济的发展有非常大的意义的。那么京杭大运河在历史上究竟扮演着一个什么样的角色呢？是“运河亡隋”还是“运河兴国”呢？

589 年隋文帝杨坚灭陈，结束了南朝 170 年的统治，统一了全国，这是有深远意义的历史事件。全国统一，修建南北大运河才有需要与可能。隋代大运河在唐宋元明清各个朝代中，成了连接北方政治重心与南方经济重心的生命线；对南北物资交流，促进经济发展，厥功甚伟。元代在隋大运河的基础上，裁弯取直，修建成了长达 1794 公里、跨越 10 个纬度、沟通 5 大水系的举世闻名的京杭大运河。这条运河，直到津浦铁路通车以前的六百年间，都是南北交通的大动脉。即使在当代地面、水上、空中立体大交通的格局下，在铁（路）、公（路）、水（运）、管（道）多种运输方式的网络中，运河在国民经济中的作用也是不容抹杀的。隋代大运河的修建从文帝杨坚开始，到炀帝杨广完成。

我国古代劳动人民早就为征服江河、发展水运事业而奋斗，南北通航并非从隋代才开始。280 年，当王濬率领蜀中水师顺江东下，将要直攻东吴国都建康（今南京）时，杜预曾经写过一封信给他，讲到他胜利回师到东都洛阳，将取道汴渠。信中说：“足下既摧其西藩，便当径取秣陵（今南京），讨累世之逋寇，释吴人于涂炭。自江入淮，逾于泗、汴，溯河而上，振旅还都，亦旷世之业也。”清初历史地理学家胡渭（1633- 1714 年），对此作评论说：“濬舟师之盛，古今绝伦，而自泗、汴溯河，可以班师，则汴水之大小，当不减于今。又足以见秦、汉、魏、晋皆有此水道，非炀帝创开也。”同样，江南运河也是早在公元前 210 年，因秦始皇妄信“望气者”说丹徒（今江苏省镇江市）有王气，遂“使赭衣徒凿坑败其势”，改谷阳为丹徒，这时便开始有了通江水道。元《至顺镇江志》引晋人《太康地记》又有秦凿曲阿（今江苏丹阳）的记载，这便是（丹）徒（丹）阳运河的滥觞。由此，元代的俞希鲁说：“京口（今江苏镇江

市）有渠，肇自始皇，非始于隋也。”“是则炀帝初非创置，不过开使宽广耳。”又据《越绝书·吴地传》记载：秦始皇曾经“治陵水道到钱唐越地，通浙江”。学者们多认为这是杭嘉运河的创始。古丹徒运河和杭嘉运河为隋代江南运河奠定了基础。隋代大运河是在前人劳绩的基础上建成的。

隋朝国祚很短，两代当政不过三十多年（581–618 年）。但是这个王朝的能量很大，它在取得政权以后，就开始了一系列具有战略意义的建设工作，对当时和后世都产生了深远的影响，大运河的开凿就是其中重要的一项。从隋文帝统一江南以前开始修凿广通渠，直到隋炀帝开通江南运河为止，先后经历了二三十年。

隋炀帝时代所开凿的运河以洛阳为中心，利用黄河为基干，向东南、东北开河，不仅水源有保证，而且顺应我国地形西高东低的基本特点，充分利用各河流的自然流向。大运河工程浩大，动用几百万军民，全长四五千里，沟通了海河、黄河、淮河、长江和钱塘江五大水系，是世界水利史上的伟大工程之一。这样巨大的工程，又穿越复杂的地理环境，要解决一系列科学技术上的难题，运河工程的完成，反映了我国古代劳动人民的聪明才智和创造精神。

隋开运河有政治上和经济上的目的。从当时的政治形势看，隋继北周，开永济渠有利于稳定华北一带；隋要灭陈，就要有通长江的水道，（元）胡三省在《资治通鉴》文帝利用邗沟故道开山阳渎以通运漕下注云：“隋特开而深广之，将以伐陈也。”从经济上看，关中、中原两大经济区经过长期惨重破坏之后，社会经济已丧失自我恢复和自我调整的内在生机，不可能再恢复到原来曾经达到过的水平。而江南地区得到充分开发之后，全国经济重心已南移，政治重心却因政治上和国防上的原因，不能随着经济重心的南移而南移，在两者必然分离之后，必须以南方的经济来支撑北方的政治，而两者之间唯一可能的联系是运河。因为这个时期的交通运输，陆路艰难，运量有限，运费很高；水路又只通沿海，没有贯通南北交通的河流。所以，利用一些天然河道、湖泊洼地和古运河来开通南北运河，是当时最好的办法。

大运河成为我国南北交通的大动脉，对于加强南北联系和经济交流，促进祖国的统一和发展经济、文化，都发挥了积极的作用。据《通典》记述，江、淮、河、海四大水系沟通之后，自是天下利于传输。运河中商旅往返，船乘不绝。运河两岸，商业都市日益繁荣，杭州、扬州、镇江等成为物资和人文荟萃的繁荣城市。

对于如此巨大的工程，封建王朝用严刑峻法征调徭役，限期紧迫，造成河工大量死亡，民怨沸腾。我们可从《开河记》中描写开凿汴渠的情况知其概略："诏令以征北大都督麻叔谋为开河都护。男丁十五岁以上、五十岁以下者都要征集，如有隐匿者斩。丁夫计三百六十万人。更以五家出一人，或老、或幼、或妇女，供馈饮食。又令少年骁卒五万人，各执仗为吏，如节级队长之类。总共五百四十三万余人。畚锸既集，东西横布数千里。及开汴梁盈灌口，点检丁夫，约折二百五十万人；其部役兵士旧五万人，折二万三千人。"这给民夫、兵士的生命造成了多么严重的摧残！运河开通，炀帝自洛阳迁驾大梁（今开封市），诏令江淮诸州，造大船五百只。使命至，急如星火。民间有配著造船一只者，家产用尽；犹有不足，枷项笞背；然后卖男鬻女，以供官用。运河上，官船舳舻相接，绵延千里。从大梁到淮口，连绵不绝。锦帆过处，香闻百里。以上虽系稗官之言，但如不计细节，那它对这种强制劳动的残酷性所作的描述，却符合历史的真实。《资治通鉴》记炀帝开永济渠时，"丁男不供，始役妇人"。连妇人也要同男丁一样负担沉重的徭役。炀帝为要寻欢作乐，"遣黄门侍郎王弘等往江南造龙舟及杂船数万艘。东京官吏督役严急，役丁死者什四五，所司以车载死丁，东至成皋（今河南汜水县），北至河阳（今河南孟县），相望于道"。《通鉴》记述杨广所乘龙舟有四重，高四十五尺，长两百尺。上重有正殿、内殿、东西朝堂；中二重有一百二十房，皆饰以金玉；下重内侍居住。别以浮景九艘，三重都是水殿。共用挽船士八万余人。舳舻相接二百余里。"春风举国裁宫锦，半作障泥半作帆"（唐李商隐《隋宫》）。障泥是马鞯，垫在马鞍下面，两旁下垂，用以遮挡泥土，故名。帆指龙舟上的锦帆。这是唐代诗人对杨广南游不顾农时、暴殄天物、荒淫无耻所作的揭露和控诉。人民只有起来推翻这个王朝，才能有

活路。

后人讨论隋祚如此短促，归咎于隋炀帝开运河，这样看问题是不正确的。杨氏父子开凿运河是很有作为的壮举；但由于封建统治阶级对人民的暴虐和他们自身的穷奢极欲、残民以逞，使得与人民的矛盾极度激化起来，遂给隋王朝的迅速覆灭创造了条件。明代于慎行评论隋炀帝开大运河的结果：“为其国促数年之祚，而为后世开万世之利，可谓不仁而有功者矣。”《元和郡县图志》也说：“隋氏作之虽劳，后代实受其利。”陆游在赴夔州时，途经江南运河，他曾这样评说：“自京口抵钱塘，梁、陈以前不通漕，自隋炀帝始凿渠八百里，皆阔十丈，夹冈如连山，盖当时所积之土。朝廷（指南宋）所以能驻跸钱塘，以有此渠耳。汴与此渠，皆假手隋氏，而为吾宋之利，岂亦有数耶。”总之，开凿大运河，在客观上是嘉惠后世、造福子孙的伟业。

运河是举世闻名的水利工程之一。它从无到有，从分段通航到全线通航，自春秋至隋代，历时一千一百多年，这是我国古代劳动人民用智慧和血汗创造出来的伟大工程。它对我国统一的中央集权制国家的巩固和发展，以及促进各地区之间经济和文化交流等多方面的积极作用，早已为人们所公认。唐人曾经描绘运河开通后全国的交通形势：“天下诸津，舟航所聚，旁通巴、汉，前指闽、越，七泽十薮，三江五湖，控引河、洛，兼包淮、海。弘舸巨舰，千轴万艘，交贸往来，昧旦永日。”我们的祖先利用纵贯南北的大运河把全国许多河流、湖泊联缀成一张水运网络。但是，随着大运河工程的完成，给运输带来了方便，封建统治集团贪婪的胃口也更大，他们以残暴的手段更多地榨取劳动人民的剩余劳动产品甚至一部分必要劳动产品，征调更多的劳动人口负担沉重的徭役，迫使劳动人民终年在饥饿和死亡线上挣扎。“东南四十三州地，取尽脂膏是此河。”旧时代，滚滚大运河，流淌的不仅是人民创造的物质财富，也是无数劳苦大众的鲜血和泪水！

四、大运河的前世今生

作为中国古代历史上南北交通的主动脉，大运河曾经有过辉煌的历史，但是随着近代河道的不断淤积堵塞以及工业文明的冲击，大运河逐渐退出了历史舞台。

（一）运河盛况

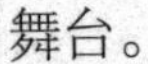

太湖平原是中国最早开凿运河的地区。《水经注》云：徐偃王“欲舟行上国，乃沟通陈、蔡之间”。由于“沟通陈、蔡之间”的运河早已无迹可寻，人们一般以春秋时期开凿的邗沟为京杭大运河的始凿。邗沟开凿于春秋时期的公元前 486 年。在此之前，吴国先后打败了越国、陈国、蔡国、鲁国和宋国，为了向北运兵进攻齐国遂开凿了邗沟。

根据文献记载和考古发掘，春秋时邗城在今江苏扬州市北五里蜀岗上，邗沟在蜀岗下，沟水由城东南今铁佛寺前向东至螺丝桥，再由湾头北上，穿过今高邮南三十里的武广湖（后名武安湖）与陆阳湖之间，进入樊良湖，再向东北入博芝湖（即广洋湖）、射阳湖至山阳（今淮安楚州）以北末口，汇入淮水，全长约四百余里。

吴王夫差开凿的邗沟河是扬州的母亲河，扬州城因此也是最古老的运河城。因年久淤湮，邗沟故道今存长约一千四百米，新修桥墩上嵌有清时“邗沟桥”石额。

隋朝建立后，为了适应统一国家政治、经济和军事上的需要，遂以京师（今陕西西安）、东都（今河南洛阳）为中心，经过统一规划、施工，先后开凿了由京师东出黄河的广通渠，沟通淮河流域、江淮平原、太湖平原的通济渠、邗沟、江南运河和沟通黄河下游、海河流域的永济渠，完成了南北大运河的全线贯通。

元朝建都大都（今北京），一改先前以关中君临天下的格局，大运河的布局

亦相应由东西向改为南北向，并先后开凿了济州河和会通河，形成了以北京为中心、南达杭州的京杭大运河，其水路的走向，与今日的京杭大运河基本一致。

在京杭大运河的历史上，有一个人不能忽略，那就是中国古代著名的水利专家、元都水监郭守敬。

会通河开通以后，通州（今北京通州）至大都（今北京）之间仍须陆路搬运。为使漕船可以直达大都，郭守敬提出开凿通惠河的建议，元世祖“览《奏》喜曰‘当速行之’”。在郭守敬的主持下，至元二十九年（1292年）春天动工，至元三十年（1293年）秋天完工。至此，南起杭州，北至北京，连接钱塘江、长江、淮河、黄河、海河五大水系的京杭大运河全线贯通。

由于明（成祖以后）、清两代相继建都北京，所以朝廷和元朝一样竭力维护京杭大运河的通航，运河沿岸屡次出现了繁荣景象。

在京杭大运河漕运经济兴盛时期，杭州、苏州、扬州和淮安逐渐成为运河沿线的四大都市，时有“南有苏杭、北有淮扬”之说。

1. 杭州

有着八千年文明史的杭州，是京杭大运河的南端起点，“杭州”之名也是因河而生，独特地理位置使其占尽了优势。

隋朝时，由于江南运河的开通，杭州因河而兴。在唐代，杭州倚借通江达海的大运河与广州扬州并列为中国三大通商口岸。南宋时期，江南漕运达到鼎盛，手工业和商业空前繁荣，杭州市人口达一百多万，跻身世界十大城市行列。到了明清两朝，运河两岸官办粮仓集聚，被誉为“天下粮仓”。

现代文化，即长江文化在历史上居于支配地位是什么时候开始的呢？中国著名历史地理学家陈桥驿的答案是：大概可以上溯到一千余年前，核心地点就是杭州。他进一步解释说：“南宋以后，继承它的元是蒙古人建立的，他们将大都即北京城定为都城。不过元统治者并不能真正受到汉人的敬服，在当时汉人的心目中，都城依旧是杭州。”

2. 淮安

由于明清时期确立了以内河为主的漕粮运输制度，设立统管中国漕运的理漕长官驻节淮安，

同时，负责督运漕运的总兵也驻节于此，与漕运总督并称文武二院，加上漕运总督兼任巡抚，实际上淮安已成为了苏北和皖北的地区政治中心。

淮安还在明时建立了中国规模最大的漕船制造厂，仅1490—1544年的五十余年间，在此营建的漕船就达三万多艘。淮安的常盈仓有八百间仓房，可容纳150万石漕粮，其交通枢纽地位之凸显促使了商旅辐辏的城市繁荣。

有学者认为淮安是“运河之都”，历史上发挥着五大中心的重要作用，即京杭大运河沿线的漕运指挥中心、河道治理中心、漕船制造中心、粮食储备中心、淮北食盐集散中心。它是一座典型的因运河兴而兴，因运河衰而衰的城市。

3. 苏州

京杭大运河苏州段始凿于春秋末期。在苏州建城（前514年）后的公元前495年，吴王夫差开凿了由苏州至无锡、常州入长江的运河。

隋唐以后，苏州因大运河而成为万商云集的繁华之地，至明清而一跃成为东南的一大都会和政治、经济、文化中心，商业达到了空前繁荣的程度。

商市从“吴阊到枫桥，列市二十里”。阊胥两门是“百货堆积，店铺毗连”，成了“万商云集，客货到埠，均投出售”的商贸中心。不仅如此，沿运河往西，繁华一如苏州城。枫桥一带是米豆交易中心，每年贸易量达百万石。及至浒关，亦成“十四省货物辐辏场所，商船往来，日以千计”。“五更市贾何曾绝，四远方言总不同”的诗句是对当时苏州繁华景象的极好写照，而这一切，均由大运河而生。

4. 扬州

千里运河，万里长江，唯一的交汇点就在扬州，同时它也是整个中国大运河的发端，历经汉代的富足，唐代的鼎盛，清代的辉煌，史称“扬一益二”。河兴城旺，“十里长街市井连”“夜市千灯照碧天”“腰缠十万贯，骑鹤上扬州”都生动反映出这座古城的繁华胜景。

到了宋元时代，普哈丁和马可·波罗等外国人由运河来扬州，从事商业、旅游和宗教活动，东西方文化在这里交融。在清代，扬州成为中国盐运和漕运的

中枢，商贾云集、群贤毕至，扬州成为当时全世界超过五十万人口的十大城市之一。

（二）盛极而衰

清朝康、雍、乾三朝鼎盛时期，在大力治理京杭大运河的同时，又大治黄河，所以在清中期黄河、淮河和运河一度相安无事，确保了水运的畅通。及至乾隆后期，尤其嘉庆、道光以后，中国开始陷入内忧外患的境况，也因而疏于河工，致使大运河艰涩日甚一日。

咸丰三年（1853年）黄河在铜瓦厢决口北徙，冲垮张秋镇运堤，挟汶水走大清河至利津入海，安山以北运河因此干涸。同治年间（1862—1874年）漕粮改以海运为主，仅十分之一仍由河运。光绪二十七年（1901年），漕粮全部改折，漕运停办，历代朝廷所苦心经营的京杭大运河漕运从此日薄西山，大运河日趋残破。

民国初年，北京通州的通惠河，河道犹存，但缺水断航，船舶早已绝迹。

山东境内的鲁运河，黄河以北一段，先前借黄济运，泥沙大量沉积，河床早已淤塞；黄河以南一段，水源尚较充足，但闸坝多已废圮，调剂水源已有困难，致使半数河道淤塞，剩下的另一半仅能勉强维持小型船只通航。

江苏淮阴至扬州的里运河，所经为平原地区，湖泊广布，河网密集，水源较为稳定，千担以下民船可畅通无阻，吃水较浅的汽船可往返行驶。

长江以南的江苏运河，除江苏镇江京口常受江潮冲击、浙江杭州钱塘江江岸常受海潮侵扰外，其余河段水源丰富，可以终年航行无阻。

从整体上看，曾经无限风光的京杭大运河在清朝末期就已经失去了南北大贯通的功能，尤其是淮阴以北的运河，已呈基本瘫痪的态势，甚至已经只剩下干涸的河床，不再具备任何实用价值。只有江南运河凭借其水源的充沛，还发挥黄金水道的功能。

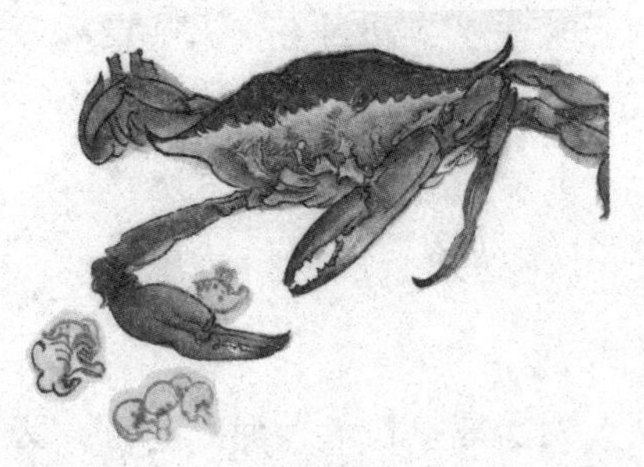

（三）运河现状

京杭运河的流向、水源和排蓄条件在各段均不相同。下面就根据大运河的不同河段来介绍运河的现状。

1. 通惠运河

历史性通航河道。由于清末实行“停漕改折”政策和20世纪以来铁路、公路交通发展，货物转为陆运，加之水源不足，航道失修，至50年代初期，仅有少量船只作间歇性通航。目前该河主要用作北京市排水河道，已不能通航。

2. 北运河

北运河长约180公里，集水面积5.11万平方公里，由天津注入海河。除屈家店至天津段15公里可供小船作季节性通航外，其余河道均不能通航。

3. 南运河

南运河又名御河，长414公里。四女寺至临清段称卫运河，长94公里。天津至四女寺段航道窄狭弯曲，底宽15—30米，水深约1米，建有杨柳青、独流、北陈屯、安陵4座船闸，可通航100吨级船舶。由于上游水库拦蓄，两岸农田灌溉，加之年久失修，现已处于断航状态。卫运河底宽30米，水深约1米，建有四女寺、祝官屯船闸，可通航100吨级船舶。由于上游岳城水库畜水，截走水源，航道情况骤然恶化。

4. 鲁北运河

鲁北运河也称位山、临清运河，原河段已淤塞。1958年另选新线，长104公里，但未开挖。1960—1968年，根据引黄输水要求，开挖了周店至尚店76公里渠道，两头河段尚未开挖。

5. 鲁南运河

国那里至梁山段称东平湖湖西航道，长20公里，1968年虽经疏浚整治，但河道严重淤积，水深不足，尚不能通航。梁山至南旺段长33.8公里，枯水期航道水深0.5米，每年可通航6个月，为季节性航道。南旺至济宁段长27.1公里，底宽15米，枯水期水深0.5米，每年仅通航6个月，为季节性航道。济宁至二级坝段长78.1公里，航道顺直，枯水期水深1米以上，底宽50米，可通

航100吨级船舶。

6. 中运河

二级坝至大王庙段原来是走韩庄、台儿庄一线。1958年在江苏省境内新辟南四湖湖西航道及不牢河河段，使河道经徐州市北郊通过，至大王庙与中运河汇合。大王庙至淮阴段仍循原来河道南下，长163公里。徐州以下河段，经近年分段拓宽，航道一般底宽45—60米，水深3米以上，已可通航500—700吨级以上拖带船队。是为徐州煤炭南运主要线路。

7. 里运河

全长169公里，其入江口原在瓜洲，1958年改至六圩入江。近年屡经整治，航道底宽一般达70米，水深3米以上，可通航1000吨级拖带船队。年运货量1500万吨左右。

8. 江南运河

自长江南岸谏壁口经丹阳、常州、无锡、苏州、平望至杭州。其中，平望至杭州有3条航线，即东、中、西线，如以东线计算，全长323.8公里，大部分底宽20米，水深2米，一般可通航40—100吨级船舶，年货运量达1600余万吨。

中华人民共和国成立后，对运河进行了大规模整修，使其重新发挥航运、灌溉、防洪和排涝的多种作用。1988年底建成的京杭运河和钱塘江沟通工程已将江、河、海衔接起来，构成了以杭州为中心的京杭运河与长江、黄河、淮河、海河、钱塘江五大水系相连通的水运网。

（四）新生契机

京杭大运河是中国唯一南北走向的长河，也是世界上最长的人工运河，它与长城一起被视为中国古代最重要的两大工程奇迹。然而，这条大运河一直徘徊在世界文化遗产的门外。连续两年（2006年和2007年），“京杭大运河申遗”都成为两会的议题。而与申遗相对应的

是，经历沧桑巨变的大运河等待着命运的又一次转机。

1. 运河文化

京杭大运河肇始于春秋时期，完成于隋代，繁荣于唐宋，取直于元代，疏通于明清，作为人类改造自然的一项壮举，大运河绵延千里、纵贯南北的水系，构成了独特的自然风情，沿岸几十座城市的人文景观和民俗风韵，也大多有着意境别具的高品位文化。

有学者形容："运河沿岸的古墩、古庙、古塔、古桥、老街、老店、老厂、老窑以及街市的繁华景象、市民的生活习俗，犹如《清明上河图》的长幅画卷展示在人们面前。"

在运河区域考察，学者们发现了许多思想、文化交融的痕迹。古老的运河滋养起丰富的物质和非物质文化遗产，它沟通了长江文明与黄河文明，造就了一条具有鲜明特色的文化长廊。

2. 惨淡现状

然而，大运河独有的文化特色，在现代文明和过度开发的冲击下，正在迅速流失。

在运河流经的杭州拱宸桥，运河两岸的许多古迹大多已不复存在，取而代之的是建设中的桥东运河文化广场、运河博物馆和地下商城，以往浅吟低唱船歌、打鱼运货的运河人家杳无踪迹，取而代之的是冒着黑烟轰轰而过的机动船舶。

不仅是在杭州，在运河北端的通州，"北运河码头"的"码头"只剩下了一个概念。考察的专家们看到，跨河的桥上车来车往，拥挤繁忙。成堆的垃圾已使运河几乎成为污水沟。

运河的本义即是人工开挖的河道。实际上，京杭大运河也是开挖河道连通了五大水系而成。如今，随着历史上漕运的废除，黄河改道的淤塞，普遍的缺水，以及后来严重的污染、生态的破坏、多次的改造和沿岸的开发建设，大运河作为有水通航贯通全程的完整意义上的一条河，已基本不存在。

历史上，沧州段运河一直是条丰水河。在当地老人的记忆中，就在 20 世纪 40 年代，运河水深还有六七米，能行二十多米长的大船。可现在，这些河流淌

的都是污水，严重缺水使沧州段运河成了“干河”。

济宁南旺分水枢纽是整个大运河上最具科技含量的工程，明朝永乐年间（1411年）曾经因成功实施“引汶济运”，而使运河畅通了五百年。但今天，分水龙王庙前的运河已经变成了一片树林，曾经显赫的历史与这里的大多数古运河道一样，被掩埋在地下，尘封在岁月中。

大运河的命运在历史上始终与漕运联系在一起。1292年，大运河全线贯通，当时仅从大运河北调的南粮，即达全国总税粮的六分之五。明朝时，因实行海禁，大运河几乎成为唯一一条南粮北运的水路通道。

而在今天，济宁以南的河段（即鲁、苏、浙三省），尽管依然发挥着部分的交通运输功能，但由于其他现代交通运输方式的快速发展，加上河水不足，其载运能力已大大下降。许多河段，河水发黑，散发着难闻的气味。

失去了运输功能的大运河，其运河的本义也就不得不大打折扣。目前，大运河已不能全程通航，其中全年通航里程仅为877公里，季节性通航里程也只有1100公里。运河的断流停航和废弃，城市的大规模改造，运河沿岸的历史文脉已变得漫漶不清，古桥纵横、河埠林立、古屋比邻、商铺连绵、巷弄穿错的运河风光已经或即将成为记忆。

“作为文化遗产，大运河的真实性和完整性有消亡的危险。”不少专家对此忧心忡忡。

3. 申遗之路

京杭大运河申请联合国世界文化遗产的工作，再度成为2007年政协会议关注焦点。全国政协文史和学习委员会的委员们呼吁加快京杭大运河的保护和申遗工作。

此前，在2006年“两会”期间曾有五十八位全国政协委员向大会提交了一份关于大运河保护和“申遗”的议案。他们认为，大运河以其深厚的历史文化内涵，不失为一条“古代文化长廊”“古代科技库”“名胜博物馆”和“民俗陈列室”，是研究中国古代政治、经济、文化、社会等方面的绝好实物资料。如不及早启动保护

工作，运河的历史文化、遗迹和自然风光等将迅速消亡，这将是中华民族的巨大损失。

然而，同样是古代水利工程，罗马城内的十三条古罗马时代的水道，最长不过九十余公里，均是意大利国家重点文物保护单位。西班牙塞哥维亚至今仍在使用的“罗马大渡槽”，建于公元前 1 世纪，长仅 813 米，早在 1985 年即被列入世界文化遗产名录。

而中国的京杭大运河，却始终未能被界定在文物保护的领域内。

除了历史的原因，是什么原因导致了大运河目前的现状？

著名文物专家谢辰生说：“到目前为止，我们对于完整的大运河的情况，还不是非常清楚，包括废弃的地方，到底废弃了多少？是什么样的地貌？这些都还不清楚。”

目前，大运河作为航运水道，一直由各地水运部门或交通部门分段管理，有关专家认为，其必然的结果是，重经济效益而轻历史文化积淀，也根本不可能从整体上关注沿线的文化遗存。

在资源利用上，人们只注意“黄金水道”内河货运量的增长与否，很少去关心运河文化对环境生态、旅游景点、风土建筑等方面的影响，不注重对文化资源的开发利用，致使未将运输体系的利用和文化资源的保护齐举并重，没有树立长远战略眼光来推动“大运河文化带”的建设。

在文物保护上，因为理念迟滞和条块切割，文物部门大多始终未能主动介入对大运河文物的监控，至今没有一份保护规划方案，而经费的捉襟见肘更使文物保护雪上加霜，只能徒叹运河文明的失落，被动等待的心态使大运河的文化遗存定性若明若暗，导致文物保护工作的若存若亡。

专家们认为，正是这些原因，导致了大运河保护现状的尴尬。

曾经向世界文化遗产协会提出“京杭大运河申遗”的郑孝燮、罗哲文两位老专家认为，要扭转运河的这个趋势，需要借助于世界遗产的申报。“如果大运河获得这个‘世界遗产’称号，可以推动沿岸城市的政府部门承诺承担起保护大运河的责任，大运河的治理也可以得到各国的资金和技术等方面的援助。”

尽管运河保护的现状不尽如人意，但在有识之士提出运河申遗课题前，许多城市就已着眼于保护运河沿岸的历史文化遗存。

在大运河的南端杭州，从2002年起就把运河杭州段综合整治与保护开发作为重大工程来实施。通过规划、整修、建设，一个以大运河博物馆、运河两岸各长10公里的景观带为核心的“一馆二带两场三园，六埠十五桥”的系列景观出现在人们的视野中。

“一部长长的运河史，现实已无法将它还原，但运河不能没有记忆。”京杭运河杭州段指挥部总指挥陈述认为，对运河的整治与保护绝不是对运河杭州段历史的复制，需要对历史信息的选择性读取。“运河沿岸业已消逝的古风古韵固然值得凭吊叹惋，但今天两岸的百姓生活何尝不是新版的运河风情图?”

“保护和发展可以并存。”世界遗产研究专家也认为，运河从春秋战国时开始流淌，到隋炀帝时期，后来又到元代，经过了几次大的修整。保护并不是仅仅保护春秋战国时期的运河，或是隋炀帝时候的运河、元代的运河，需要保护的是历史遗留下来的东西，这种保护也是可持续发展的保护。

郑和七下西洋的壮举

从1405年到1433年，郑和先后七次航海，访问过亚非三十多个国家，最远到达了红海沿岸和非洲东海岸，郑和下西洋是中国历史上空前的外交、航海壮举。这次航海的规模之大，历时之长，范围之广，在世界航海史上都是空前的。郑和出色地将中华文明中的礼仪、儒家思想、历法、度量衡制度、农业技术、制造技术、雕刻技术等远播海外，在中外文化交流史上写下了辉煌的篇章。

一、丰功伟绩的郑和

明朝永乐三年六月十五日，为了彰显国威，加强与海外诸国的联系，同时也为了满足统治者对异域奇珍异宝等特产的需求，明成祖派郑和出使西洋。从1405年到1433年，郑和先后七次航海，访问过亚非三十多个国家，最远到达了红海沿岸和非洲东海岸。郑和下西洋是中国历史上空前的外交、航海壮举，这次航海的规模之大，历时之长，航程之远，在世界航海史上都是空前的。

郑和下西洋向世界传播了先进的中国文化。当时东南亚、南亚、非洲一些国家和地区非常向往中华文明，郑和下西洋肩负了“宣教化于海外诸番国，导以礼仪，变其夷习”的使命。郑和出色地将中华文明中的中华礼仪和儒家思想、历法和度量衡制度、农业技术、制造技术、雕刻、航海等远播海外，在中外文化交流史上写下了恢弘的篇章。这次航海之旅是一次名副其实的和平之旅，这是中华民族向世界传递和平讯息的一次壮举。

郑和以先于其他航海运动一个世纪的步伐，领跑着世界的航海运动。在郑和之后的世界征帆风樯中，鲜有可以称为和平之旅的，但我们可以有理由说郑和的船队是名副其实的“和平之帆”。大明王朝这个泱泱大国表现的是博大的胸襟和大国风范，秉承着以和为贵、协调多边关系、树立大国权威的理念，与当时世界上的各个国家、各种宗教和平共处。明朝以儒家的教义影响四邻，以自身强大的力量维护海上安全，可以说大明王朝的这些做法促进了当时世界的和平与稳定。

让我们拂去六百年的历史烟云，不禁感慨于郑和这位伟大的政治家、军事家、航海家、外交家对中国的外交事业、航海事业所做的极为显著的贡献。郑和一生七次下西洋，开创了中国乃至世界航海史上的新纪元，他的一生可以用丰功伟绩来形容。郑和能取得这样的成就和他本人的成长经历密不可分。

（一）郑和的成长

郑和的六世先祖叫赛典赤·赡思丁·乌马尔，他是元初来自中亚的色目贵族，是布哈拉国王穆罕默德的后裔，曾被追封为咸阳王。郑和的曾祖父拜颜在元大德十一年（1307 年）的时候任中书平章，他的父亲马哈只（原名米里金）被封为滇阳侯。

郑和，本姓马，小字三宝，云南昆阳州（今昆明市晋宁县）人，约于洪武四年（1371 年）出生。郑和信仰伊斯兰教，在年幼时开始学习伊斯兰教义和教规。幼时开始，郑和就对伊斯兰文化有着非常深的好奇心。郑和的父亲和祖父曾经都去过伊斯兰教的圣地麦加，郑和从父辈的言谈中了解了很多异域的奇闻异事，年少又充满好奇心的郑和此时的心里充满了对异域及海外世界的向往。这些都为他以后的航海事业打下了坚实的基础。郑和的成长深受父亲和祖父的影响，因为他们都是刚正不阿、才华横溢、乐善好施的人，这些都在郑和心中留下了美好的印象。

郑和的一生功勋显著，但也遭受过磨难。在明朝结束了统一云南的战争之后，郑和到了南京，受阉做了宦官，之后又到北平的燕王府中服役。郑和自幼勤奋好学，到了燕王府之后，他更是依靠聪明才智、勤劳谨慎的品行赢得了燕王的信任，在朱棣府中做了一名贴身侍卫，郑和的才华在此时也开始显现出来。众所周知的四年“靖难之役”，郑和建立了许多战功，他跟随朱棣出生入死，立下了汗马功劳。在“靖难之役”之后，明成祖朱棣登上了皇位，郑和作为重要功臣之一，得到了和许多文武功臣同样的提升，明成祖升任他为内官监太监，又赐予他“郑”姓和“郑和”这个名字。

（二）成就事业的基础

郑和能有这样显著的成就，并不是偶然的。一方面与他个人的聪明才智和勤奋好学的精神息息相关。他为人聪明、正直，可以成为燕王的亲信，而且他

的才智也可以帮助他同燕王商议国家大事。在这个过程中，他也可以学习到燕王的政治、军事方面的谋略。另一方面，他作为当时燕王的贴身侍卫，可以接触到一些皇亲国戚和朝廷重臣，同这些人在一起，他可以学到许多东西。郑和就是在这个过程中锻炼提高了自身多方面的素质，开阔了自己的视野。

这些因素都是促使朱棣选择郑和作为下西洋的最佳人选的原因。郑和也是不辱使命，多次出色地完成了明成祖派给他的远洋航行任务，建立了卓越的功勋。

（三）非凡的个人才能

郑和不仅在航海方面显示出过人的才华，而且还在外交、军事等方面有着独到的见解，表现出卓越的智慧。他具有钻研精神，不断地探索知识;他拥有过人的才智，能够独到地分析问题。

明成祖在登上皇位之后，在永乐年间就把下西洋重任交托给郑和。其实在郑和早期的研究领域就已经涉及到航海活动了，他仔细研究分析过航海图，了解掌握了航海技术，熟识天文地理、海洋科学知识，而且还能够进行船舶的驾驶与维修工作。在具备了这些理论基础和实际经验之后，郑和在明成祖的支持下开始进行航海活动。从明永乐三年（1405 年）至宣德八年（1433 年），郑和先后率领庞大的船队七下西洋，经过了东南亚、印度洋，而且还远航到了亚非地区，最远处到达了红海和地中海。郑和的航海路线涉及到了三十多个地区和国家，而且还将中华文明传播了出去。这七次航行的规模之大、人数之多、组织之严密、航海技术之先进、航程之长，令世界震惊。郑和领导的七下西洋航海活动也充分证明了他统率千军的才能。

（四）航海生涯

郑和在七下西洋之前就已经开始了他的航海生涯，在永乐元年的时候，他先是出使暹罗，永乐二年他又出使日本。在掌握了丰富的航海经验

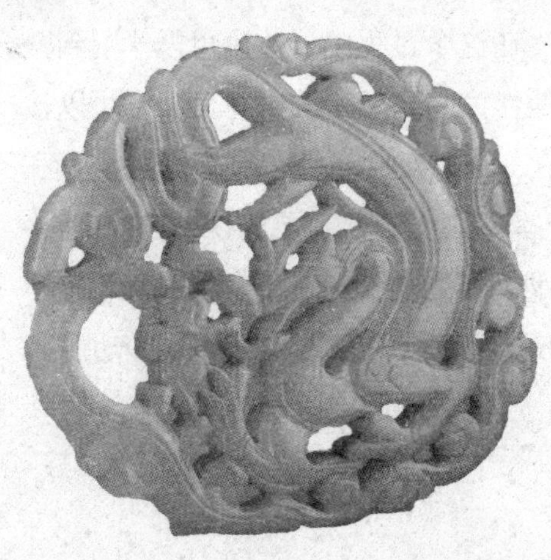

之后，郑和开始了七下西洋的壮举。

1. 出使暹罗国

清代乾隆年间的《敕封天后志》一书中记载："永乐元年，差太监郑和等往暹罗国。"郑和的这次航海活动和之后的七下西洋是不同的。这次前往暹罗是为了大规模的下西洋打前站，做好基础工作，并不是为了进行外交活动而前往的。

1402 年，郑和的船队到达暹罗以后，他们主要对当地的海岛情况、山地的地形、水文资料以及风土人情等开展了全面的调查，郑和的这些调查为日后的航海积累了丰富的经验，同时也为马上就要展开的远洋航海活动做好了准备工作。郑和回国后，就开始了大规模的造船工程。

2. 出使日本

永乐二年（1404 年），明成祖准备派遣郑和下西洋。正在郑和积极筹备下西洋时，中国的东南沿海地区遭受了非常严重的倭寇侵扰事件。明成祖为了巩固边防和自己的统治，决定马上派遣使节去日本进行交涉。而此时这一任务就落在了郑和身上，因为郑和在朱棣夺权过程中跟随朱棣颇有功劳，深得朱棣赏识。郑和接受任务后，立即组织人马东渡日本。

郑和从桃花渡（今浙江宁波附近）东渡到达日本，代表明朝政府和日本政府谈判。日本当时执政的源道义自知理亏，立即下令逮捕了倭寇首领，并且保证今后不会再出现倭寇侵扰中国东南沿海的事件。郑和胜利完成了使命，此举改善了当时中日的关系，也是郑和出使日本的成果。

二、郑和下西洋的背景

郑和之所以能够完成这样一个壮举除了他特有的才华外，还与当时的各种社会历史背景有着密切的关系。

（一）历史背景

郑和下西洋这一历史壮举，发生在世界变革“序幕”尚未拉开的15世纪上半叶，发生在屹立于世界东方的中国，这些都不是偶然的。在宋朝以前，我国的海外交通就得到了很大的发展，尤其是宋元以来我国海外交通事业得到了迅猛的发展，这些都成为大明王朝派遣郑和下西洋的良好前提条件。

中国在唐代以前的对外交通以陆路为主，进入宋朝以后，特别是到南宋，就发生了划时代的变化——以海路交通为主。到元代又开创了对外海路交通史上的新局面。

1. 经济重心的南移

由于全国经济重心南移，江南和东南沿海地区的经济渐渐发展起来，这为发展海外交通提供了丰富的物质基础。到唐代中叶安史之乱之后，北方经济由于战争的原因遭到了严重的破坏，经济非常萧条。而这时东南沿海地区由于相对安定，经济得到了一定的发展。这使得全国的经济、文化重心逐渐由黄河流域转移到长江流域，江南与东南沿海地区的经济成为全国的经济命脉。

2. 科学技术的进步

随着科学技术的进步，造船工艺得到了很大的提高，加上罗盘针在航海上的运用，这些都为发展海外交通提供了技术保障。指南针的运用使得航海的速度加快，航海的安全性增加，这就大大推动了我国

海外交通事业的发展。

3. 海路交通比重的变化

此时，中国的陆海交通比重发生了很大的变化，开始侧重于海路交通和海外贸易的发展。到南宋偏安于江左以后，中国和西方的陆路交通几乎完全断绝，此时海路交通得到了空前的发展。元朝政府加大对海路交通的投入，先后在泉州、广州、温州、杭州、庆元（宁波）、上海、澉浦等七个港口设置了市舶提举司，用于管理海外贸易。

总之，由于海陆交通比重的变化，在宋元时期，中国通过南洋地区、印度洋直达阿拉伯地区的海路已经畅通无阻，商船往来频繁。随着东方与西方之间海路的畅通，为后来郑和下西洋航海到达阿拉伯以至东非地区打下了基础。宋元时期海路交通的发展，航海技术的进步都成为郑和下西洋的历史背景。

（二）社会背景

中国在明代（1368—1644 年）已进入封建社会后期，发展成为一个强大的国家，拥有很多先进的技术，在很多方面都领先于世界。

郑和下西洋期间正是明朝的“永乐盛世”年间，当时也可以说是中国古代历史上的一个辉煌时期。当时的皇帝朱棣，算得上是一位拥有雄才大略的皇帝，他除了推动郑和七下西洋外，还命令解缙、姚广孝、王景、邹辑等人编纂了《永乐大典》，并迁都到北京，设立了奴儿干都司，疏浚了大运河等。明成祖能够审时度势，分析当时的社会形势，并且依据形势的变化，采取各种相应的措施。此时明朝虽然强大，但在陆上和海上两方面都受到了一定的威胁，因此此时明朝的对外政策调整为主动防御。陆上实行迁都、亲征漠北；海上主要是派出了郑和船队，通过海上的航行，威慑和打击倭寇的反动势力。明朝开始一步步加强国内的安全防御，并且开始发展国内的经济、政治、文化。

明成祖能够认识到一个国家的发展需要与周边国家建立相互往来的关系，他制定了合理的对外政策，稳定了周边国家，力争使国家能够有一个长治久安的社会局面。明朝除了坚持“厚往薄来”的对外政策外，永乐一朝更是积极推行“宣德化而柔远人”的外交政策。这一政策的目的是，不仅要将中华民族的文明远播于海外，还要吸收外来文化的有益养分，就是所谓的“恒遣使敷宣教

化于海外诸番国，导以礼仪”。郑和下西洋的举措并不是单纯为了航海而进行的，而是依据了当时的经济形式、适应了当时的对外开放政策，是为了使中国与海外诸国的邦交在宣德朝能有更进步的发展。

（三）地理环境

自古以来，海洋中就有着非常丰富的资源，而且海洋是人类生命的摇篮，海洋资源对人类的生存和发展起到了很大的作用。我们中华民族的祖先早在远古时期就和海洋有着千丝万缕的联系，海洋与我们中华民族的生存、发展乃至衰落都是息息相关的。

中国的地理位置是在太平洋的西北部，拥有漫长的海岸线，紧邻的是辽阔的海域，因此要想加强与海外的交流，航海活动是非常必要的。

元朝时，中国的远洋贸易非常发达，拥有当时世界上量最大的几个港口和世界上最强大的海军和大量的民船、商船，为后来的明朝航海奠定了基础。到了明朝雄厚的经济实力，领先世界的先进的航海技术和发达的造船技术使永乐大帝能够把对海外各国奉行的对外方针政策付诸实施。因此，郑和下西洋的伟大的航海壮举，出现在了15世纪初期的历史舞台之上。

（四）世界背景

明朝在永乐年间，正处于“倍于往时”的盛世局面，而亚非诸国却相对落后。亚非诸国落后的社会经济文化状况，奠定了其产生对中华文明强烈需求的社会基础，而郑和下西洋，正好提供了这一契机。

1. 社会发展阶段上

此时的亚非国家大多处于原始部落状态或奴隶制社会时期，有的甚至未开化。他们社会发展缓慢，没有先进的生产力和先进的文化指引，与世界上的其他国家也很少有往来，因此无法接受外来先进文化

的影响。像古里国“其位以女腹为嫡，传之姐妹之子”，还带有很明显的母系氏族社会的残余。

2. 政教刑法上

亚非的很多国家都没有一整套完备的政治制度和法律制度，仍是带有原始性的部落习俗。虽然一些国家还设有国王，但是这个国王是不同于中国封建社会的皇帝的，而是类似于原始社会的部落酋长，因此在这些国家中还没有一套相应的君主制度来确定国王的权威和地位。

有文献记载，占城国“其王元日沐浴，用人胆以和，部领献以为礼，谓云‘通身是胆’也”，用这样的办法来使得臣民畏服。还有一些国家在法制方面更是千奇百怪，无所不有。如占城国“国有大潭，名曰鳄鱼，凡讼不决，令两造骑牛渡潭，曲者鳄鱼食之，直者屡过不食”；在爪哇国“其刑唯戮……杀人者，避之三日则原；即获者死”；真腊国在辨别盗贼是否偷盗的时候，就让盗贼把手放在油锅中，认为如果真的是盗贼，手就会马上腐烂；如果不是的话，手就会安然无恙。这是带有很浓厚的迷信色彩的一种刑法方式，是非常不科学的，但是这确实也是与亚非国家当时所处的社会发展阶段密切相关的，是依据当时的社会情况而制定的。

3. 风俗习惯上

在郑和下西洋以前，亚非的一些国家中，基本上没有“礼”这个概念，有些地方还普遍存在着“衣不蔽体、食不知味”的情况。一些国家还有“男女皆裸体，以布围腰”的状况，甚至于“男女皆裸形入池”沐浴的情况。而对于中国这个非常注重礼仪的国家来讲，这些做法是非常违背常礼的。郑和的船队在所经过的亚非国家中传播了中国的文化和礼仪，使得这些未开化的国家接受了中华礼仪的熏陶。

4. 日常生活方面

当时亚非的一些国家完全是原始部落杂居，有的还有生食的习惯。有“鱼非腐烂不食，酿不生蛆不为美”的奇怪习俗。即使亚非国家中有一些稍微显示出了文明，但也只能说他们是处在原始社会向封建社会的过渡时期，与赫赫中华相比，是有着天壤之别的。

亚非国家人民身处闭塞、落后的环境中，生活只是基于满足日常温饱的最低需求。但是，人类具有向往发展的本能，一旦受到外界丰富的文化环境影响时，就会极大地激发这种本能的发展。郑和下西洋，给这些亚非国家带去了先进的生产方式，带去了文明的生活习惯，也带来了亚非国家社会的发展。

三、郑和下西洋的目的

明成祖派郑和下西洋的目的，史书上的记载众说纷纭，很多说法都很难让人信服。郑和下西洋是一次庞大的航海活动，统领将士多达 27000 人，船只几百艘，历程数万里，往返三十多年，此举的确使明朝威震海外。很多历史学家都对郑和下西洋的目的进行了各种研究。我们根据郑和下西洋的时间将“下西洋”的目的分为两个时期，前一时期的主要目的是政治性的，在于巩固皇位；后一时期是政治目的和经济目的并存。

郑和下西洋从时间上可以分为前期和后期两个阶段。前三次可划归为郑和下西洋的前期。航行到达古里，活动范围是在东南亚和南亚一带，而且航行回国后在间隔不到一年的时间又进行了第二次航行。后四次可归结为郑和下西洋的后期。航行的路线延长了很多，横跨了印度洋，到达了阿拉伯和东非沿岸的一些国家。因此郑和下西洋的目的在前期和后期也是不同的。

（一）前期目的

郑和下西洋的前期以前三次下西洋活动为界，主要目的是政治目的，即巩固帝位。

1. 巩固新生政权

明朝在经历了四年的“靖难之役”后，明成祖朱棣登上了皇位，但他对建文帝的下落始终存在疑问。因此明成祖派遣郑和下西洋的目的中也存在着他想要“踪迹”建文帝下落的想法。有《明史》记载：“传言建文帝蹈海去，帝分遣内臣郑和数辈浮海下西洋。”因为明成祖的皇位是靠武力夺取的，这在封建正统思想中是不符合封建道德礼仪和纲常的。而此时的建文帝生死未明，因此他

很担心皇位受到威胁，所以在郑和下西洋过程中，也肩负着寻找建文帝的任务。明成祖虽然是一位雄才大略的皇帝，但在国家经历过长达四年之久的战役之后，新生的政权是非常需要巩固的。明成祖想通过郑和下西洋宣传明朝统治，显示大明王朝强大的国力，希望能快速和周边的国家建立良好的关系，得到他们的承认和支持，发展和亚非国家的友好邦交，使他们能前来明朝朝拜，达到巩固新生政权的目的。

“欲耀兵异域，示中国富强”是中国历代封建统治者共同的心理。只要有可能，历代皇帝都会努力打造“四夷宾服”“万国来朝”的宏伟场景。对于像明成祖这样一个依靠武力夺取政权的皇帝来说，提高自身的政治威望是十分重要的。所以，明成祖非常希望通过郑和下西洋的航海活动，达到提高政治影响和提高中土在海外政治威望的目的，因此，这就成了郑和下西洋的另一项重要使命。

2. 和平外交，稳定秩序。

在明朝初年的时候，中国的海外邻国东南亚地区的各个国家之间相互怀疑、相互斗争。当时东南亚两个最大的国家爪哇和暹罗不断对外扩张，而且欺压周边一些国家，更加严重的是他们还杀害了明朝的使臣，阻止这些国家向中国朝贡；而且此时海盗在东南亚、南亚海域横行，气焰十分嚣张。在这种情况下，海上交通线是非常不安全的。明朝政府作为一个东方大国，为了保障海上交通的安全，维护中国自身南部地区的安全，更为了明朝的稳定和发展，坚持奉行“内安华夏，外抚四夷，一视同仁，共享太平”的和平外交政策。郑和率领船队下西洋也运用和平的方式调解和缓和各国之间的矛盾，维护海上交通安全，而这也最终维护了中国的稳定和发展以及中国与周边国家的关系。

郑和作为和平使者出使西洋，在航行所到国家，他都能够很好地把中国和平友好的外交政策传递到海外各国。郑和下西洋的过程中，遇到事情尽量采用和平方式进行调节，消除了国家间的隔阂。郑和的这些做法促进了东南亚、南洋地区的稳定和海上的安全，并且实现了明朝的初衷推行和平外交，稳定国际

秩序。所以，可以看出郑和的船队是一支拥有强大实力的船队，但它不是用于侵略扩张，而是用于实现和平。

在明朝初年的时候，为了加强北方地区的安全，明朝政府加强了北方屯田，从而不断地增强了北方军粮自给自足的能力，这样明朝初期的海航航运的负担就减轻了很多。而且明朝进行各个方面的整顿和建设，漕运开始实行“海陆兼运”的政策，这样就有很大一批船只是闲置的，而负责海运的士兵们的工作也相对减轻。士兵无事可做，容易造成社会的动荡不安，而郑和下西洋的远洋航行，需要大量的海军，这样，不但达到了明成祖原来的炫耀兵力强大，国家富强的目的，而且对国内社会的安定也起到了一定的作用。

（二）后期目的

此时明朝的社会已经发生了变化，郑和下西洋的目的自然随之发生了变化。这一时期的下西洋主要是为了发展友好的邦交，建立和平友好的睦邻关系，让海外的国家前来朝贡，进而达到经济目的。

大约在永乐十四年（1416年）郑和第四次下西洋的过程中，目的便发生了明显的变化。这时明成祖的统治地位已得到了巩固，社会安定、经济发展、百姓安居乐业。这时明朝努力发展对外友好关系，发展与亚非地区的友好邦交，目的是促进商贸往来，发展中国的海外贸易。根据资料记载，郑和的船队每到一个地方，都向当地国王、首领赠送很多金币，这种不计经济回报的做法，主要是为了建立友好的关系，史书上记载：“宣德五年六月，帝以践祚岁久，而诸番国远者犹未朝贡，于是和、景弘复命历忽鲁谟斯等十七国而还。”可以看出这一时期的政治目的还是主要的目的，但同时经济目的已经逐渐上升到与政治目的同等重要的地位。

发展对外贸易是郑和后期出使西洋的很重要的一个目的，在前三次航海过程中，由于关系到国家的政权巩固，所以政治目的很强，经济目的还没有被提到日程上。到了这一时期，

很多政治目的都已经完成，此时发展商贸，开拓中国的海外贸易市场，发展沿海的贸易，已经成为势在必行的目的。

郑和下西洋开展了很多形式丰富的贸易活动。其中有朝贡、官方贸易、民间贸易等形式。朝贡作为一种重要的交往方式，在郑和下西洋的过程中对明朝经济产生了重要影响。这种贸易方式是在郑和船队到达一个地方之后，以明朝皇帝的名义向当地国王赐予他们带来的物品，同时当地国王也会向郑和缴纳他们的贡品，或者派遣使者前来明朝朝贡。当时跟随船队来到明朝的还有航行所到国家的朝贡使臣，在永乐二十年（1422年）六月，郑和第六次下西洋返回来时，有暹罗、苏门答腊、哈丹等国派遣使者随行前来朝贡；第二年的九月，又有西洋、古里、忽鲁谟斯、锡兰山、阿丹、祖法儿、剌撒、不剌哇、苏门答腊、满剌加等十六国派遣使者1200人来到北京向明朝朝贡。史书记载明成祖在接待朝贡使者时说道："其以土物来市者，官给钞酬其值。"这句话就是说朝贡来的物品由官府来制定价格进行收购。官方贸易这种形式是明朝政府扩大海外贸易的一种非常重要的途径。郑和船队装载着大量的中国的特产物资，到海外适当地点换取所需要的物品。这种贸易有用物品换物品的，也有用钱币来购买物品的。还有一种民间贸易形式，这种形式也是郑和下西洋过程中产生的一种贸易形式，即直接由商人或民间个人与海外进行商品的交易买卖活动。在后几次郑和船队回国时，除了带回了很多进献给皇帝的珍珠玛瑙、奇禽异兽等国内没有的东西外，还在当地民间购买了香料、药材等在中国民间非常畅销的物品。这些都促进了民间商贸的发展，对当时明朝经济的发展起到了很大的促进作用。

总之，郑和下西洋是中国乃至世界历史上一个重大的事件，郑和的丰功伟绩永远留在了世界航海史册上。郑和下西洋推进了华夏文明的传播，同时也推进了世界航海事业的发展，这些都已经超越了航海的本身意义，成为世界航海史上浓墨重彩的一笔。

四、郑和下西洋的历程

从 1405 年到 1433 年的几十年时间里，郑和先后七次下西洋，共访问了三十多个国家，加强了中国人民与亚非人民的友好关系，在造船、航海等很多方面表现出了中国人民的高超技艺，同时也说明了中国当时在全世界的航海事业中的领先地位，充分展现了中国作为一个封建大一统国家在政治经济文化上所取得的成就。郑和七下西洋的最后一次是在 1433 年，这比世界著名的航海家迪亚士到达非洲南端的好望角、哥伦布到达美洲大陆、达·伽马沿非洲西岸绕过好望角到达印度的时间，都早了约半个世纪。郑和下西洋是世界航海史上的一次壮举，同时也代表了当时世界航海事业的最高峰。

（一）第一次下西洋

永乐四年（1406 年）六月，郑和第一次下西洋，到达了今天爪哇岛的麻喏八歇国。爪哇岛（今天南洋的要冲）人口稠密，拥有丰富的物产，而且商业也十分发达。

麻喏八歇国当时有东王和西王两王，在郑和下西洋经过此地时，两王正在打内战。由于东王战败，他的属地就归西王所有。郑和的船员在当地的集市上做生意，被误认为是东王的残余军队，于是就被杀死了一百七十名船员。当郑和及随船的军官得知情况后，随船军官都要求郑和和西王作战到底，为死去的船员报仇。经过这次事件，西王知道真相后也非常惧怕，于是派使者谢罪，答应赔偿六万两黄金。郑和冷静地分析情况后，权衡利弊，在请示了明成祖之后，和平处理了此事。西王通过这件事也看到了明王朝的大国风范，

非常感动，从此两国就和睦相处了。

郑和的船队被认为是当时世界上最强大的船队，但郑和七下西洋的过程中，真正意义上的对外战争仅就对锡兰（今斯里兰卡）一次而已，而且是在被迫无奈的情况下进行的自卫性的作战。郑和的这些举动充分体现了郑和的和平使者的角色，他在不断传播着“以和为贵”“四海一家”“天下为公”等中华文明理念。

（二）第二次下西洋

永乐五年九月十三日（1407年10月13日），郑和回国后时隔不久，又立即进行了第二次远航准备。这次航行到达的国家有占城、渤尼（今文莱）、暹罗（今泰国）、真腊（今柬埔寨）、爪哇、满剌加、锡兰、柯枝、古里等。当船队到达锡兰时，郑和船队向当地佛寺布施了金、银、丝绢、香油等。

永乐七年二月初一（1409年2月15日），郑和还与王景弘立了《布施锡兰山佛寺碑》，这座寺碑记述了船队所施的物品。这块寺碑现在还保存在科伦坡博物馆里。郑和的第二次航行在1409年回国。

（三）第三次下西洋

郑和第三次下西洋是在永乐七年九月（1409年10月）。这次，船队是从太仓刘家港起航的，在十一月的时候到达了福建长乐太平港驻泊伺风，同年十二月又从福建五虎门出发顺着风势经过十个昼夜的航行到达了占城。在到达这里以后，郑和又派出一支船队离开占城到达了暹罗。然后，郑和的大部分人员跟随船队离开占城航向真腊，紧接着又到达了爪哇、淡马锡（今新加坡、满剌加）。郑和把满剌加这个地方当作船队往返中的一个中介地，并在这里建造了仓库，用于存放下西洋途中所需要的钱财和货物，以便给返回到这里的船只使用。郑和船队从满剌加开航，经阿鲁、苏门答腊、南巫里来到锡兰。在这里，郑和又另外派出一支船队到达加异勒（今印度半岛南端东岸）、阿拔巴丹和甘巴里。

郑和则亲率船队前往小葛兰、柯枝，最后抵达古里。郑和将船队分成几支，分别派往不同的国家访问，节省了大量时间和费用，提高了航行的效率。郑和在永乐九年六月十六日（1411 年 7 月 6 日）回到了祖国。

（四）第四次下西洋

这次航行是更大规模的一次航海活动。在永乐十年十一月十五日（1412 年 12 月 18 日），朝廷令郑和组织船队，准备在永乐十一年（1413 年）冬季开始第四次航海活动。此次航行，首先到达了占城，后来又到达了爪哇、旧港、满刺加、阿鲁、苏门答腊等地。从这里郑和又派分船队到溜山（今马尔代夫群岛），而大船队则从苏门答腊驶向锡兰。在锡兰，郑和再次派分船队到加异勒，而大船队驶向古里，再经过古里直接航行到忽鲁谟斯（今伊朗波斯湾口的阿巴斯港格什姆岛）。这里是当时东西方进行商贸往来的一个重要地方。郑和船队由此起航回国，途经溜山国。后来郑和船队把溜山国当作了渡过印度洋驶往东非各国的一个中转站。这次航行的规模非常大，据记载，这次远航人数达到了 27670 余人，而且郑和船队的这次航行横跨了印度洋，最远到达了波斯湾。

（五）第五次下西洋

永乐十四年十二月十日（1416 年 12 月 28 日），郑和组织了第五次航行，这次航海的使命是护送“十九国”的大使回到自己的国家。郑和的船队在永乐十五年五月（1417 年）冬季远航时，首先到达了多次航海都经过的占城，然后到达爪哇、彭亨、旧港、满剌加、苏门答腊、南巫里、锡兰、沙里湾尼（今印度半岛南端东海岸）、柯枝、古里。船队到达锡兰时，郑和派出一支船队驶往溜山，然后从溜山向西行驶到达了非洲东海岸的木骨都束（今索马里摩加迪沙）、不剌哇（今索马里境内）、

麻林（今肯尼亚马林迪）。大船队到古里后又分成两支，一支船队前往阿拉伯半岛的祖法儿、阿丹和剌撒（今也门民主共和国境内），另一支船队直接前往忽鲁谟斯。这次航行，郑和完成了明朝廷派给他的任务。永乐十七年七月十七日（1419 年 8 月 8 日），郑和的船队回到了祖国。

（六）第六次下西洋

永乐十九年正月三十日（1421 年 3 月 3 日），明成祖派遣郑和完成第六次航行的主要目的是护送来明朝拜访的十六国使臣回到自己的国家。这次船队的航行是要赶上东北季风，这样有利于船队顺利的航行。于是为了赶上东北季风，郑和很快就出发了。郑和的这次航行到达的国家及地区有占城、暹罗、忽鲁谟斯、阿丹、祖法儿、剌撒、不剌哇、木骨都束、竹步（今索马里朱巴河）、麻林、古里、柯枝、加异勒、锡兰山、溜山、南巫里、苏门答腊、阿鲁、满剌加、甘巴里、幔八萨（今肯尼亚的蒙巴萨）等，在完成了本次航海任务之后，郑和率领船队在永乐二十年八月十八日（1422 年 9 月 3 日）回到了祖国。这次跟随郑和来访问的有暹罗、苏门答腊和阿丹等国家的使臣。

（七）第七次下西洋

郑和第七次下西洋是奉明宣宗朱瞻基的派遣。宣德五年十二月初六，船队从龙湾（今南京下关）起航，在 2 月 3 日船队聚集到了刘家港。在刘家港，郑和等人立下了《娄东刘家港天妃宫石刻通番事绩碑》这一石碑，当船队到达福建长乐太平港的时候，郑和又在南山三峰塔寺立了《天妃灵应之记》石碑。这两块石碑记录了郑和船队前六次航海活动的全部历程，是非常具有纪念意义的。船队在明朝宣德六年十二月九日从五虎门出洋，这次航行经占城、爪哇的苏鲁马益、苏门答腊、古里、竹步，再向南行驶到达了非洲南端接近莫桑比克海峡，

完成了这些地方的航行后船队开始返航。这是郑和船队的最后一次航行，在船队航行到达古里附近的时候，郑和因为劳累过度，一病不起。宣德八年（1433年），在印度西海岸的古里，郑和这位一生航海七次，到达三十多个国家和地区，为中国乃至世界航海事业作出卓越贡献的伟人离开了人世。此时的船队由王景弘率领返回了太仓刘家港。宣德八年七月初六（1433年7月22日），郑和船队到达了南京。

郑和的七下西洋可以说是揭开了世界大航海时代的序幕，同时也成为中国与海外国家紧密交流的象征。郑和以多元的宗教文化为导向，打开了通往东南亚的海上丝绸之路，从此将中国的航海事业记录在了世界航海史之中。今天，海内外的很多专家学者都在研究郑和下西洋的功绩，探讨他这一航海举措的巨大贡献。其中，中国科学院海洋研究所研究员郑一钧在主题为《人类历史转轨时期伟大的和平实践》报告中提出，1405年郑和第一次下西洋的意义非凡，这次航海揭开了世界性大航海活动的序幕。他认为这是世界性大航海时代的到来，加强了东西方的交流和联系，逐渐打破了东西方之间、各大洲不同地区之间相对封闭隔绝的状态。对人类社会和东西方的关系产生了深远的、积极的影响。

郑和航海的壮举使得大批中国人走出了国门，了解了世界，开阔了眼界。郑和的航海活动谱写了15世纪人类文明历史上的壮丽篇章，可以说是世界航海史上的空前壮举。郑和下西洋的意义还在于他让西方的文明来到了中国，同时也激起了西方航海家的航海活动，在一定程度上促进了世界经济文化的交流与繁荣。

郑和的一生是辉煌的一生，他用尽毕生的精力来完成航海事业，虽然郑和在第七次航海中永远地离开了我们，但郑和的丰功伟绩却永远留在人们心中。在今天，仍然有许多人在纪念郑和，纪念这位中国航海历史上的英雄。

五、郑和下西洋的航海装备与技术

（一）航海装备

据《明史·郑和传》记载，郑和航海宝船共63艘，最大的长四十四丈四尺，宽十八丈，是当时世界上最大的海船，折合现今长度为151.18米，宽61.6米。船有四层，船上9桅可挂12张帆，锚重有几千斤，要动用二百人才能起航，一艘船可容纳千人。《明史·兵志》又记："宝船高大如楼，底尖上阔，可容千人。"

在郑和下西洋的船队中，有五种类型的船舶。第一种类型叫"宝船"。最大的宝船长四十四丈四尺，宽十八丈，载重量八百吨。这种船可容纳上千人，是当时世界上最大的船只。它的体式巍然，巨无匹敌。它的铁舵，须有二三百人才能举动。第二种叫"马船"，长三十七丈，宽十五丈。第三种叫"粮船"，长二十八丈，宽十二丈。第四种叫"坐船"，长二十四丈，宽九丈四尺。第五种叫"战船"，长十八丈，宽六丈八尺。可见，郑和所率领船队的船只，有的用于载货，有的用于运粮，有的用于作战，有的用于居住，分工细致，种类较多。我们可以说，郑和的船队是一支以宝船为主体，配合以协助船只组成的规模宏大的船队。对于郑和宝船，肯定派认为《明史》的描述基本上正确，理由为：南京静海寺郑和残碑所记"两千料海船"，不是"宝船"，而是较小的"作战船"；对南京郑和造船厂进行考古，发掘出一根约15米长的舵，和《明史》所述宝船大小相符；南京郑和造船厂的船坞宽20丈；伊本·白图泰（Ibn Battuta）（1304－1377年）游记中记载有中国巨大的12张帆可载千人的海船。质疑派认为木材强度有限，过大的船体无法保证水密性，难以做长时间的航行。根据南京静海寺郑和所立残碑记载，郑和首次出海宝船为"两千料"，根据他们的推论，折合后长约为十五到二十丈，宽六到八丈左右，载重量

约为五千吨。至今未有人复制出能进行实际航行的四十四丈“宝船”。目前复制中的宝船多采用质疑派的说法。即便采用质疑派的说法，郑和宝船仍是当时世界首屈一指的巨型船舶。

（二）航海技术

根据《郑和航海图》，郑和航海使用海道针经（24/48 方位指南针导航）结合过洋牵星术（天文导航），在当时是最先进的航海导航技术。郑和的船队，白天用指南针导航，夜间则用观看星斗和水罗盘定向的方法保持航向。由于对船上储存淡水、船的稳定性、抗沉性等问题都作了合理解决，故郑和的船队能够在“洪涛接天，巨浪如山”的险恶条件下，“云帆高张，昼夜星驰”，很少发生意外事故。白天以约定方式悬挂和挥舞各色旗带，组成相应旗语。夜晚以灯笼反映航行时情况，遇到能见度差的雾天雨天，配有铜锣、喇叭和螺号。郑和下西洋的航海技术，主要表现在三个方面:1.天文航海技术。中国很早就可以通过观测日月星辰测定方位和船舶航行的位置，郑和船队已经把航海天文定位与导航罗盘的应用结合起来，提高了测定船位和航向的精确度，人们称“牵星术”。用“牵星板”观测定位的方法测定天的高度，判断船舶位置、方向，确定航线。这项技术代表了那个时代天文导航的世界先进水平。2.地文航海技术。它是以海洋科学知识和航海图为依据，运用航海罗盘、计程仪、测深仪等航海仪器，按照海图、针路簿记载来保证船舶的航行路线。航行时确定航行的线路，叫作针路，罗盘的误差不超过 2.5 度。3.《郑和航海图》。《郑和航海图》得以传世，幸亏明代晚期作者茅元仪将其收录在《武备志》中。原图呈一字形长卷，收入《武备志》时改为书本式，自右而左，有图 20 页，共 40 幅，最后附“过洋牵星图”二幅。海图中记载了 530 多个地名，其中外域地名有 300 个，最远的东非海岸有 16 个，标出了城市、岛屿、航海标志、滩、礁、山脉和航路等。其中明确标有南沙群岛（万生石塘屿）、西沙群岛（石塘）、中沙群

岛（石星石塘）。《郑和航海图》是世界上现存最早的航海图集，与同时期西方最有代表性的《波特兰海图》相比，《郑和航海图》制图的范围广，内容丰富，虽然数学精度较其低，但实用性胜过《波特兰海图》。英国李约瑟在《中国科技史》一书中指出：关于中国航海图的精确性问题，米尔斯（Mills）和布莱格登（Blag-don）曾作了详细的研究，他们二人都很熟悉整个马来半岛的海岸线，而他们对中国航海图的精确性作出了很高的评价。郑和下西洋折射出的中国先进航海科技光辉，表现了中国古代人的伟大智慧，从而创造了郑和下西洋的伟大航程。

六、推动海洋文化的进程

“郑和出使西洋，揭开了世界大航海时代的序幕”，“郑和下西洋，是传播文化理念的‘香料之旅’，意义比丝绸之路更为深远”，这些都是来自于国内外的专家学者对郑和下西洋的评价。郑和下西洋对中国文明的传播，对世界的贡献是巨大的。今天我们更是用各种各样的方式来纪念着这位伟大的历史人物，同时也在不断弘扬郑和下西洋时所表现出的中华民族热爱和平、睦邻友好、自强不息的优良传统。郑和下西洋，在很多方面都产生了积极的作用，郑和航海的过程，也是中国海洋意识逐渐启蒙的过程。

（一）中国海洋文化的开始

早在唐汉时期，中国的海洋文化就已经开始崭露头角了。我国古代人民富有勤劳勇敢的精神，在长期的航海实践中总结了宝贵的经验，形成了早期的海洋文化。

早在两千多年前，汉武帝派遣张骞出使西域时，从这条路线上的大夏（今阿富汗）看到了蜀布、筇竹杖，而且还了解到了经由海上可以从我国前往印度。了解了这一情况后，汉武帝就开始派使者从徐闻、合浦出发，沿海岸航行，经过中南半岛到达南印度的康契普腊姆，这样就开辟了与东南亚、印度的海上交通之路，这也就是著名的“海上丝绸之路”。到了唐代，自从751年安西节度使高仙芝在与阿拉伯军队的作战中失败以后，陆路丝绸之路就被阻断了，因此发展海上丝绸之路势在必行。此时的唐朝政府开始逐渐将贸易重心转向了海外。到了南宋时期，政府非常重视海外贸易所带来的税收。这时的对外政策是鼓励私人贸易商出海进行贸易往来。到了元代，海外贸易开展得如火如

茶。当时的泉州是世界上最大的港口之一，由此可以看出中国海外贸易的发展是非常繁盛的。而这也说明郑和下西洋的壮举并不是偶然现象，它是中国封建社会经济发展到一定高度的产物。

（二）海洋文化的发展

郑和七下西洋掌握了很多和海洋有关的科学技术，并为以后的航海事业打下了良好的基础，同时也推动了世界航海技术的发展。

郑和在下西洋的过程中，拥有成熟的航海技术，在海上能够根据情况的变化，利用自己掌握的航海知识及在航海中获得的实践经验来解决问题，这些都是郑和在航海事业上取得的巨大成就。每次出航前，郑和都要根据季风的日期来决定航海的时间。此外，郑和还使用科学的方法测定船位。郑和船队一般采用测深定位、对景定位和天文定位这三种测定船位的方法。总之，郑和的航海活动促进了科学技术的快速发展，同时也推动了海洋文化的发展。

在郑和下西洋之后，中国的海洋文化开始发展起来。在之后的几百年中，中国的海外贸易不断发展，海洋文化也发展到了一定的高度。我国东南沿海一带，由于受山多田少等地理条件的影响，人们就以捕鱼和海外贸易为生，这样，就逐渐形成了一种“利商舶，轻远游”“恬波涛而轻生死”的海洋文化。在明朝实行海禁期间，仍然有许多商人不顾危险出海进行海外贸易。在嘉靖二十三年（1544年）十二月至嘉靖二十六年（1547年）三月的两年多时间里，到日本从事走私贸易却因为风向漂到朝鲜并被解送回国的福建人就达千人以上。万历四十年（1612年），根据明朝兵部的统计，当时前往日本进行走私贸易的福建海商大概有上万人。正是东南沿海人民的这种远洋精神使得明朝政府不得不采取开放海外贸易的措施，在1567年在福建漳州海澄月港的部分地方解除了海上禁令，准许私人海外贸易商人在缴纳一定的税后可以到海外进行贸易。当时东亚海域的商贸竞争是非常激烈的，而在数以百计的中国商船来到海外时，他们凭借机敏的商业头脑和丰富的贸易经验立于不败之地。海外各国商人都对中国

沿海的经营海外贸易的商人刮目相看，这也充分肯定了他们到海外进行贸易的能力，如西班牙的商贸船贸易就离不开中国商人的货物。他们还经常把中国的载货船称为“中国船”；在南美，他们还把转运中国货物的主要道路命名为“中国路”。

中国的商贸往来使得世界各国的钱财源源不断地涌入中国，当时的中国成了东亚海域的贸易中心。德国著名经济学家贡德·弗兰克在其著作《白银资本》中这样评价：“作为中央之国的中国，不仅是东亚朝贡贸易体系的中心，而且在整个世界经济中即使不是中心，也占据支配地位。”以上这些都说明了16世纪在中国东南沿海一带不仅产生了海洋文化，而且这种海洋文化已经有了一定的发展。中国当时的这种海洋文化不是农业海洋文化，而是一种可以与西方海洋文化相提并论的开放性的商业海洋文化。

（三）海洋意识、海权思想，和平友好的外交政策。

一个民族海洋意识的形成是与一个民族海洋文化的发展息息相关的。郑和七下西洋的壮举是与他当时接受的教育以及他在实践中形成的海洋意识、海权思想分不开的。法国学者在《海外华人》一书中，记录了关于郑和劝谏皇帝保留船队的话语：“欲国家富强，不可置海洋于不顾，财富取之于海，危险亦来自于海上……一旦他国之君夺得南洋，华夏危矣。我国船队战无不胜，可用之扩大经商，制服异域，使其不敢觊觎南洋也。”以上记载表明了郑和拥有十分明确的海洋意识和海权思想。而且明成祖当时宣扬的对外政策“宣德化而柔远人”就是要将中华文化传播到海外，同时要保持同海外各国的睦邻友好、不穷兵黩武的关系。郑和在七下西洋的过程中严格遵守并执行了这样的对外政策。郑和在七次下西洋的过程中每次遇到问题，都会按照这种对外政策来处理，他能妥当地调解纠纷，增进两国的友谊；能够克制忍让，化干戈为玉帛；能够乐善好施，联络感情。在郑和第一次下西洋的过程中，遇到爪哇的西王残杀一百七十名船员的事

件时，就始终坚持了明朝的外交政策。郑和的容忍、大明王朝的宽厚博大在爪哇人民的心中留下了深刻的印象，使得第一次出海成为名副其实的和平之旅。

郑和在下西洋的过程中，一遇到争端都尽量使用和平友好的方式加以解决，但也出现过运用武力解决问题的实例。郑和运用军事行动来解决争端只是一种偶然的现象，他在整个航海过程中始终坚持的都是和平、开放的外交政策。而且在所到达的国家不仅得到了当地政府的支持，还受到当地人民的热情欢迎和赞赏。郑和所做的一切，给中国和东南亚各国带来巨大的收益。据历史记载，在明成祖统治的二十一年中，与郑和下西洋有关的亚非之间各国的来访达到了三百一十八次之多。而且很多国家的国王还亲自率领使臣来进行访问，其中有渤尼（今文莱）、满加剌、苏禄（今菲律宾苏禄群岛）、古麻剌朗（今菲律宾棉兰老岛）四个国家。

七、促进周边文化的发展

郑和下西洋对东西方文化交流的贡献是非常大的，澳大利亚悉尼大学海洋科技系教授琼斯把郑和下西洋传播东方文化的旅程称为传播文化理念的“香料之旅”。因为郑和下西洋时从明朝带去了很多陶瓷、丝绸、钱币等物品，这些东西也受到了东南亚各国人民的欢迎；而郑和也带回了南洋各地的特产香料、染料等，这些也是当时国内没有且是十分需要的，这种各取所需的做法，使得郑和的远航彰显了其重要性。郑和的远航固然有其贸易上的贡献，但很多专家认为，郑和的远航在文化交流方面的意义也是非常深远的，称其比穿越中亚的丝绸之路影响更为深远。郑和所到达的地方，都会立下石碑作为纪念。郑和下西洋不但使中国的文化传播到了海外，也使得西洋的文化大量传入中国，这些都是郑和下西洋对世界文化作出的伟大贡献。

（一）广泛传播了妈祖文化

郑和下西洋扩大了中国和亚非地区一些国家的文化交流，也推动了语言学的发展，而且使妈祖文化得到了广泛的传播和发展。

郑和下西洋在语言学的传播发展方面作出了卓越的贡献。郑和下西洋留下的文学作品有马欢的《瀛涯胜览》、费信的《星槎胜览》、巩珍的《西洋番国志》、罗懋登的《三宝太监下西洋记》等。前三本是郑和的属下根据航海过程中的亲身经历写成的，具有很高的文学、地理、历史价值。郑和在下西洋的过程中，需要进行大量的对外交流，其中语言方面的交流是非常主要的，因此就需要大批外语方面的人才，所以明朝政府当时设立了四夷馆，教授学员学习外语，培养了大量外语方面的人才。同时，明朝政府还设有接待外宾的会同馆，会同

馆下设有朝鲜、日本、安南、暹罗、鞑靼、满加剌、畏兀儿、琉球等国的会馆。各会馆中，由专门精通外语的人员负责接待。明朝政府为了让学员学习语言，还专门编写了《华夷译语》作为教材（《华夷译语》现流传于海外，收藏在伦敦大不列颠博物馆、德国柏林图书馆、日本东洋文库等）。这不仅促进了中国人学习外语，也方便外国人学习汉语、了解中国文化，加强了双边的交流与合作。

郑和下西洋对妈祖文化的发展也是有很深的影响的，这一时期妈祖文化开始广泛传播。妈祖原名为林默娘，是福建莆田湄洲屿人，由于她一生在海上济危救难，死后被渔民和航海者奉为保护神。妈祖文化产生于宋代雍熙年间，郑和非常崇拜妈祖，他在下西洋时将妈祖这种信仰广泛传播到了国外，并且在福建为妈祖立了碑建了庙宇。

在航海技术日益完善之后，此时妈祖保护神的作用也相对减小，但是妈祖文化却流传了下来。妈祖文化源于妈祖信仰，但又不完全等同于妈祖信仰，妈祖文化有精神力量的一面，又有社会经济、文化的层面。妈祖文化的精神内涵也处在不断的改造和不断丰富的过程之中，并且拥有了儒释道的含义，这些都是具有积极意义的，推动着经济、文化活动的发展及社会的进步。

历史上有不少码头、会馆、城市的兴起是与妈祖文化密不可分的，而且郑和下西洋取得的一些成就也与妈祖文化分不开。很多地方的经济活动、集市等都与妈祖文化相连，而且还带动了该地区经济、文化、旅游事业的发展。据不完全统计，现在世界上有 26 个国家和地区大概拥有 1516 座妈祖庙，台湾每年都有成千上万人来到福建湄洲朝拜妈祖，妈祖文化在今天已经产生了非常深远的影响。郑和下西洋的成功，推动了妈祖文化的发展。

（二）郑和下西洋与马六甲的变迁

当我们追昔抚今、展望未来的时候，眼前不禁浮现出六百年前郑和率领的

船队行驶于海上的那一幕情景。郑和七下西洋率领的庞大船队历时二十八年之久、经过三十多个国家和地区，展开了世界航海史上、外交史上、贸易史上一次波澜壮阔的伟大航行。郑和和他的船队所到之处带去的文明与作出的贡献，到了今天仍被世人广为传颂。特别是在东南亚，郑和的名字始终与马六甲紧紧地连在一起，已成为中国与马六甲沿岸地区人民睦邻友好关系的一个象征。今天，世界发展的主题就是和平，而当我们以人类发展的大视野来看待六百年前的这段历史时，不可否认当时的中国无时无刻不在传递着和平的信息，郑和也可以称之为“和平使者”。

中国和马六甲的关系可以追溯到汉代，根据中国史书《汉书·地理志》的记载，早在1世纪，中国汉代的商人就曾来到过马六甲地区的皮宗，和当地的人民建立了良好的关系。在中国典籍中也记载了“满剌加”就是现在的“马六甲”，而皮宗，根据日本历史学家藤田丰八的考证，是今天的苏门答腊和新加坡之间的皮声岛（印度尼西亚语意为香蕉岛），在《郑和航海图》中用“毗宗”来记录。还有一些考古学家对爪哇、苏门答腊和加里曼丹这几个地方出土的中国汉朝的陶器进行了研究，得出了中国人在汉代就已经与马六甲海峡的商人进行贸易的观点。从此以后，中国的海外贸易大多是与南洋的很多国家进行的。这方面的文献记载也有许多被保存下来，印度尼西亚史学家阿明巴尼在其著作《南亚的印度尼西亚》一书中提到：“自古以来中国对南洋诸国和睦亲善，经常邀请南洋各国人民到中国访问。”在经济交流的同时，文化方面也在不断地进行着交流。唐朝时中国就有高僧前往东南亚的佛学研究中心学习梵文、研究佛学。根据资料记载，唐朝时在印度尼西亚研究佛经的和尚达到了二十多人。中国人也有一些移民到东南亚一些国家，这段历史可以追溯到14世纪。在15世纪初期的时候，开始在马六甲建立商馆、货栈等便于商贸往来的场所。

由于郑和七下西洋的远洋航海活动，使得明朝成为中国古代历朝中海外使者前来朝拜次数最多的一朝。明朝永乐年间在经济、政治、文化等许多方面都是遥遥领先于当时世界上其

他国家的，尤其是在造船技术和航海技术方面，这就为郑和能够成功地进行航海活动打下了坚实的基础。明朝的远洋航海活动马六甲成了必经之路，早在永乐元年（1403年）尹庆就被派往到马六甲拜访，到郑和七下西洋的时候，也经过这里。有关资料记载15世纪的马六甲是受到过外部侵犯的，为此还向中国明朝政府进行求助。在郑和下西洋经过马六甲的时候，也曾帮助这里肃清海盗，使得马六甲与邻邦成为和平共处的友邦。

在郑和第二次下西洋的时候，促成了马六甲的拜里米苏剌苏丹受册封为王，从此中国与马六甲也建立了友好的外交关系。马六甲也是从这以后开始繁荣起来的，港口成了当时东西方贸易活动的中心。马六甲的国王曾经多次来到中国进行访问，加深了两国的友谊。澳大利亚著名的印度尼西亚历史学家梅·加·李克莱弗斯在他1981年出版的《印度尼西亚历史》中写道："从一开始马六甲的主要威胁是暹罗，但是早在1405年马六甲就寻求和得到中国的保护。从此马六甲屡遣使团访问中国，头三个国王本人亲自参加这些使团。而明朝海军将领郑和率领的庞大的中国舰队对马六甲的访问，持续到1434年。中国明朝的保护，促进了马六甲地位的巩固。"马六甲的繁盛与中国是密不可分的，也是中国外交史上和平外交的产物。

郑和下西洋不仅对中国和东南亚国家产生了深远的影响，而且还对东西方之间的海上贸易通道的畅通作出了巨大的贡献。15世纪的西方正值文艺复兴之后，而当时的明朝也可以称为强盛的经济大国，无论是在经济、政治还是科技方面都取得了很大的进步。随着世界经济、生产力的发展，打破地域的局限性、开辟海外科技文化交流的新通道已成为时代的要求，因此海上交通慢慢取代陆上交通已成为商贸交流的主要线路。中国的郑和下西洋应运而出，适应了时代的要求。中国明朝政府坚持睦邻友好、互利共赢的外交政策，而这时一些西方国家在走殖民掠夺的道路。西方殖民的迅速扩张是在为自己国家积聚财富，而

明朝派遣郑和下西洋是在推动东西方海外贸易和经济繁荣，并且促成了马六甲和东南亚地区长达一百多年的繁盛。

郑和下西洋推动了官方贸易和民间贸易的兴盛。郑和在七下西洋的过程中，在东南亚等地曾经设立了商馆，一处是在苏门答腊北部的须文答腊，另一处是在马六甲。郑和的船队给马六甲带去了非常多的商贸机会，也使得当地的繁荣引起世人的瞩目。根据跟随郑和三次下西洋的马欢在《瀛涯胜览》中的记载，马六甲是非常重要的一处商馆，他在记载中提到："凡中国宝船到彼，则立排栅，如城垣。设四门更鼓楼，夜则提铃巡警。内又立重栅，如小城，盖造库藏仓廒，一应钱粮，顿在其内。去各国船只，回到此处取齐，打整番货，装载船内，等候南风正顺，于五月中旬开洋回还。"这些记载足以见得当时马六甲贸易的繁盛景象。郑和下西洋还与很多国家建立了睦邻友好关系，在下西洋所到之处秉承着促进当地经贸发展、积极开展睦邻友好关系的外交政策，采取了"厚往薄来怀柔远人""外抚四夷"等"靖海"方略，期盼同海外各国"共享太平之福"。

郑和船队到达马六甲地区，不仅是传递和平信息的使者，还肩负着人类文明传播的任务。郑和下西洋使中国成为海上丝绸之路的主角，大量外来文化也随之传入中国、与中华文化结合在一起，同时中国的古代文明也大量远播海外。郑和所率领的船队，通过商贸交流、树碑撰文、无偿赠予等多种方式，广泛传播了中华文化和艺术，带去了包括农业技术、纺织技术、建筑雕刻技术，特别是航海和造船技术等在内的许多先进技术和手工艺品，促进了马六甲地区科学文化技术的兴盛。尤为突出的是对马六甲地区各民族的和谐共存作出了非常大的贡献。同时，他也从海外引进了各种珍稀的动植物和名贵药材以及香料等国内没有的物品，了解了所经国家的风土人情和文化艺术。郑和船队所做的这一切都促进了当时马六甲地区的经济、社会、文化等多方面的繁荣与发展。

（三）巴厘岛的繁荣

美丽的巴厘岛是今天人们旅游休闲的好去处，它给全世界的游人

带来了身心的享受。这个小岛独特民俗文化的形成与六百年前我国历史上伟大的航海家郑和有着非常紧密的联系。

在方圆五百平方公里的巴厘岛民族村，除了用印尼文字书写的标牌和当地独特的民俗风情以外，那古色古香的民宅，大街两旁的石雕、木雕、家具、瓷器、织衣、绘画等店铺都与我国的古城苏州和太仓非常相像，而这里正是郑和下西洋时出发的地方。

在巴厘岛的民族村中，大部分建筑都呈中国明代的佛教建筑风格，庙宇、房屋皆雕梁画栋。从这些建筑和当地店铺卖的古物中，依稀可以看到郑和当年率领船队来到此地的情景。郑和七下西洋把中国的佛教建筑艺术传播到了印尼，不仅印尼三宝垄的民宅有不少是中国明式风格，而且在今天的巴厘岛也同样存在着鲜明的中国明代文化。郑和下西洋把中国的“建筑文化”“陶瓷文化”“丝绸文化”广泛地传播到了亚非各国，六百年来影响着一代又一代的巴厘岛人。

郑和下西洋给蜡染村带去了中国的丝绸，而且还教会了他们纺织和印染的技术，在这里常常有身穿蓝色印花布的印尼人接待各地来旅游的客人。这种服装与我国江苏甪直古镇的水乡服饰非常相似。在巴厘岛第二大根雕馆，收藏着很多与中国文化相关的艺术珍品。郑和当年来到这里，把佛教文化也传播到了这里，我们今天可以在这个根雕馆中看到如来佛、观世音等佛像根雕。除了这些根雕以外，苏州的花窗、檀香木、用中国古铜钱做成的佛像、身上雕有中国古铜钱的青蛙以及“年年有鱼”等工艺品在这里的很多地方都可以看到。

郑和下西洋给巴厘岛人民带来了很多制作工艺品的技术，在民族村的石雕馆、藤条编制的作坊里，都可以看到工匠们在用郑和下西洋时传来的技术在编制物品。而且巴厘岛民族村中的很多家具工艺也是郑和下西洋时传来的。今天，这里明朝样式的家具主要出口日本等地。中国的金银饰品，随着郑和下西洋赠送给了所到国家的君主，这样，银饰工艺品也流传到了印尼民间。在巴厘岛民俗村的银饰博览馆，有中国最具代表性的龙、苏扇和各种有中国文化特色的银

饰品，而且这里还收藏了用银制品制作成的郑和下西洋时的宝船，制作工艺非常精美，让我们不禁赞叹这里人民的勤劳与智慧。

郑和下西洋开通了东西方的海上贸易通道，给所到国家带去了中华文明，给印尼的巴厘岛带来了繁荣，这里的人们掌握了中国很多艺术品制作的工艺。巴厘岛人民对郑和充满了崇敬之情，也对中国人民充满了友好的情谊。

（四）促使华侨下南洋

郑和下西洋以后，使得中国华侨的发展进入了一个新的历史阶段。郑和下西洋打开了通往东南亚各地的海上交通之路，树立起了中国在海外的威望，这些都为当时的中国人去往东南亚各国创造了非常有利的条件。在这样的情况下，很多中国沿海的居民远渡重洋，发展海外商贸，很多当时到了东南亚的中国人就定居在那里，成为了华侨。从郑和下西洋以后，海外华侨的人数急剧增加。

在 16 世纪的时候，很多中国人移居到了泰国，在那里形成了一定的规模，当地就把华侨聚居的地方称为“奶街”，相当于世界各地的“唐人街”。华人移居泰国后，在这块人们称之为“黄金半岛”的沃土上，辛勤劳作、艰苦创业，创下了一个又一个的辉煌业绩，同时得到了广大泰国人民的赞赏。直到今天，中国的很多文化仍然通过各种方式传播到泰国，中国每年还派往泰国很多教授汉语和中国文化的教师，这些都加强了中泰两国的文化交流。

华人大规模地移居南洋，带去了当时较为先进的生产工具和生产技术，他们与当地人一起，共同努力，为当地社会经济的发展和人民生活水平的提高作出了非常大的贡献。今天，侨居在泰国的华人非常多，而且有很大一部分已成为了华裔泰国人。

郑和下西洋之所以促成华人大规模移居到南洋，是因为郑和下西洋过程中展现了中华民族的强盛国力，展现了中华民族礼仪之邦的形象，这样就把迁居到海外的很多华侨和祖国紧

密地连接在一起。从此，海外华侨感到有了强大的依靠，使得海外华侨在相当长的历史阶段免于遭受外国的欺凌，可以顺利发展事业，组建家庭。在东南亚一带，至今仍保留着许多与郑和相关的遗迹，当地的华侨对郑和下西洋都引以为豪，郑和的光辉形象在华侨们心中永远是那么高大。

八、纪念郑和

郑和的一生奉献给了中国的航海事业，同时也为世界的航海、世界文明的传播作出了巨大的贡献。当历史的车轮辗出一道又一道痕迹的时候，六百年前的这一道印在了人们心中，永远都不能抹去。今天，人们用各种各样的方式纪念着郑和的丰功伟绩。

（一）郑和墓

在江苏省南京市江宁区谷里乡周昉村牛首山南麓，建有一座南北长 300 米，东西宽 60 米，高约 8 米的郑和墓。因为郑和信奉伊斯兰教，所以郑和墓的修建风格是伊斯兰风格，整个墓的形状是“回”字形。在郑和墓的前面有四组 7 层高的 28 级台阶，这寓意着郑和七次下西洋，历时二十八年。1985 年，为了纪念郑和首航 580 周年，南京市人民政府决定重新修建郑和墓，并且要建碑立亭。新建的郑和墓顶部是用青石建造的塔式墓盖，并且镌刻有阿拉伯文“泰斯米叶”。墓后脑墙上镶有大理石，上刻“明郑和墓”四个喷金大字。现在，这里已成为江苏省重点文物保护单位，每年吸引着海内外成千上万的游人前来参观。

（二）郑和铜钟

在福建省南平市文化馆收藏有一口大铜钟，这口钟是郑和在明朝宣德六年（1431 年）祈祷船队能够平安顺利下西洋时所铸的一口双龙纹铜钟，上面刻有“永远长生供养，祈保西洋往回平安，吉祥如意者。大明宣德六年岁次辛亥仲夏吉日，太监郑和，王景弘同官军人等，发心铸造铜钟一口”的铭文。今天，来此地的人们都会想起这位功勋卓越的历史伟人。

（三）郑和舰

人们纪念郑和采取了很多方式，建造“郑和舰”就是其中的一种。1985 年 12 月开始建造“郑和舰”，1986 年 7 月下水试航。建造的郑和舰为二级甲类舰，最大排水量可达 6100 余吨，最大航速为 21 节，经济航速为 17 节。该舰能抗 12 级风力，可进行除南北极地区以外的环球航行。今天，郑和舰正像当年的郑和船队一样乘风破浪，为我国的海洋航行事业再做贡献。

（四）宝船厂遗址

南京拥有很多郑和文化遗址遗迹，今天，为了更好地宣扬郑和精神，为了纪念郑和船队，对这些遗址遗迹都进行了修建。

现在作为江苏省文物保护单位的南京中保村明代宝船厂遗址，是目前国内已知的唯一一个明代官办造船基地遗址。“宝船厂”是郑和七下西洋的发源地，郑和船队下西洋的船只大多是在这里修造的，并且从这里向东航行出海，一直完成下西洋的使命。在郑和船队下西洋的活动停止以后，这个宝船厂也在明朝中期以后逐渐废止了。今天，为了纪念郑和的远洋航海活动，有关部门已经在宝船厂遗址及附近建设了遗址公园，并向市民开放。

（五）中国航海日

郑和第一次下西洋的时间为 1405 年 7 月 11 日。今天，为了纪念郑和的首次航海，经过中华人民共和国国务院批准，从 2005 年起，每年的 7 月 11 日被定为中国的航海日，并制定了一些相关的规定。在航海日这一天，全国所有的船舶都要鸣笛挂彩旗，表达人们对郑和的怀念。

（六）重建南京天妃宫

天妃即妈祖。据史料记载，明永乐五年郑和第一次下西洋顺利回国，为感谢天妃保佑海上平安，明成祖朱棣赐建“天妃宫”。南京天妃宫位于南京下关区狮子山西南麓，始建于明朝永乐年间，有近六百年的历史。清代咸丰三年至十一年，南京天妃宫在战乱中毁坏。到 1937 年日军占领南京，南京天妃宫全部建筑被毁。今天，人们为了纪念郑和下西洋的壮举，为了使郑和航海活动的意义充分发扬，南京市在 2004 年 7 月重新修建了天妃宫。2005 年 5 月 3 日天妃宫正式落成，并开始对外开放。

（七）郑和公园

1. 南京郑和公园

南京是郑和航海出发的地方，南京的郑和公园位于江苏省南京市区太平巷 35 号，这座公园原来是郑和在南京出任守备时的府邸里的花园。在郑和公园中有全国最早的郑和纪念馆、郑和研究会。现在，这座公园被建成了一座开放式的展现郑和航海文化的主题广场，人们可以在这里纪念郑和，可以感受这位伟大的航海家的魅力。

2. 昆明郑和公园

云南昆明的郑和公园位于滇池南岸晋宁县昆阳镇的月山，这里距离昆明市有 60 公里。这个公园原来的名字是月山公园，因为昆明是郑和的家乡，而且郑和的父亲马哈只的墓在月山上，所以在 1979 年的时候，月山公园改为郑和公园。这个园林有 250 多亩，其中有松林、柏林、果林等，皆郁郁葱葱，非常壮观。登高远望，景象开阔。

公园内有许多景观值得观赏，主要有“望海楼”，高 8.5 米的郑和

全身塑像，展示大量文献、实物、复制模型、图表等的郑和纪念馆，仿郑和七下西洋的大宝船而建的三保楼，被誉为云南碑刻第一林的郑和碑林（共有碑刻 64 块），郑和古里亭以及郑和的父亲马哈只的陵墓。

3. 长乐郑和公园

长乐郑和公园原名为“南山公园”，坐落于福建省长乐市区中心的南山上。这座公园历史悠久，始建于北宋元祐三年（1088 年），经历过宋元明数代的营建。在郑和七下西洋的过程中，将这里当作避风港时，对这座公园进行了全面的修建，包括亭、台、楼、阁、塔、寺等建筑，使其成为佛、道教信奉者前来朝拜的圣地。园内建造的塔，名为三峰塔，是郑和下西洋时船队进出的航标塔。

在永乐十年（1412 年）郑和第四次出使西洋前，在太平港等候季风的时候，他派人奏请明成祖在长乐南山塔东面的三峰塔寺附近建造一座天妃宫，以祈求船队在航行过程中能够平安顺利。1985 年为纪念郑和下西洋开航 580 周年，长乐市人民政府决定把南山公园改为“郑和公园”，而且还拨款建造了郑和史迹陈列馆。郑和第七次航行前还在这里建造了《天妃灵应之记碑》（俗称郑和碑），这是一件很珍贵的文物，具有很高的收藏价值。

郑和的一生是丰功伟绩的一生，他将一生献给了海洋事业。郑和的功绩是辉煌的，属于中国，也属于世界。郑和在三十多岁的时候开始进行远洋航海活动，经过二十八年之久，到达了三十多个国家，在最后一次航行中，郑和已经 60 岁了，这次，他再也没有回来。郑和为了中外文化的交流，为了世界的航海事业，献出了自己的生命，但他宣传的和平的文化理念，永远熠熠生辉。